L'IRRÉDUCTIBLE

SYSTÈME COMPLET

DE

COMPTABILITÉ

PRATIQUE ET SIMPLIFIÉE

APPLIQUÉ

AU COMMERCE, A L'INDUSTRIE ET A LA BANQUE

ACCOMPAGNÉ

DES MODÈLES DES **REGISTRES SPÉCIAUX** QUI S'Y RATTACHENT

ET D'EXEMPLES COMPARÉS D'ÉCRITURES DE COMPTABILITÉ

PAR

FERNAND CAMELIN

EXPERT-COMPTABLE

PREMIÈRE PARTIE

COMPTABILITÉ DES NÉGOCIANTS ET DES INDUSTRIELS

PARIS

TYPOGRAPHIE CHAMEROT ET RENOUARD

19, RUE DES SAINTS-PÈRES, 19

1894

L'IRRÉDUCTIBLE

SYSTÈME COMPLET DE COMPTABILITÉ

PRATIQUE ET SIMPLIFIÉE

L'IRRÉDUCTIBLE

SYSTÈME COMPLET

DE

COMPTABILITÉ

PRATIQUE ET SIMPLIFIÉE

APPLIQUÉ

AU COMMERCE, A L'INDUSTRIE ET A LA BANQUE

ACCOMPAGNÉ

DES MODÈLES DES **REGISTRES SPÉCIAUX** QUI S'Y RATTACHENT
ET D'EXEMPLES COMPARÉS D'ÉCRITURES DE COMPTABILITÉ

PAR

FERNAND CAMELIN

EXPERT-COMPTABLE

PREMIÈRE PARTIE

COMPTABILITÉ DES NÉGOCIANTS ET DES INDUSTRIELS

PARIS
TYPOGRAPHIE CHAMEROT ET RENOUARD
19, RUE DES SAINTS-PÈRES, 19

1894

PRÉFACE

Notre but, en publiant cet ouvrage, n'est pas d'apprendre la Comptabilité aux personnes qui ne la connaissent point. Nous laissons ce soin aux Professeurs. Les principes de cette science sont aujourd'hui enseignés, tout au moins en théorie, dans toutes les écoles; ils font partie des programmes de l'Enseignement primaire; des cours spéciaux souvent gratuits, de nombreux ouvrages traitant de cette matière et écrits par des personnages très autorisés, sont mis à la portée de tous et complètent l'instruction des élèves qui se destinent à la profession de Teneur de livres, ou de ceux qui, appelés à devenir plus tard des Commerçants, à diriger une affaire qui sera la leur, jugent avec raison qu'il est de leur intérêt de connaître et de se rendre familier un travail auquel aucun Commerçant ne peut rester étranger s'il a le souci de la prospérité de sa Maison.

La tenue régulière et bien ordonnée des Livres de comptabilité, dans une entreprise quelconque, est, en effet, un point très important : le premier acte, peut-être, d'une bonne administration. Basée sur une méthode sûre et rapide, elle facilite au Comptable sa tâche quotidienne; elle lui donne le moyen d'éviter les erreurs et les omissions qui, trop souvent, sont la cause de pertes passées inaperçues, parfois même de l'éloignement de la clientèle. Mais là ne s'arrête pas son rôle. Elle doit permettre au Chef de maison de se rendre un compte exact et détaillé de la marche successive de ses affaires et de leurs résultats, de constater quels sont les points faibles de sa gestion pour pouvoir y apporter les remèdes nécessaires s'il y a lieu, d'établir enfin lui-même, sans le secours de personne, sa situation commerciale; tout cela, de façon certaine, immédiatement et aussi souvent qu'il le désire.

Malheureusement, ce résultat est loin d'être obtenu partout malgré les progrès accomplis jusqu'à ce jour. Peu de Commerçants, au contraire, peuvent se flatter de posséder une organisation parfaite, principalement au sujet de leur Comptabilité. Cela tient le plus souvent à la défectuosité de la Méthode employée qui, augmentant les risques d'erreurs en obligeant à des répétitions inutiles, rend très long et par conséquent très coûteux un travail forcément monotone, absorbant par lui-même, sujet à bien des erreurs, bien des omissions, malgré toute l'attention qu'on y apporte; qui, d'autre part, laisse à la portée de tous les regards des écritures et des comptes que la simple prudence conseille d'y soustraire.

Il faut remédier à ces imperfections pour arriver à résoudre un ensemble de difficultés qui résident beaucoup plus dans la longueur de la tâche que dans sa compréhension. Car, pour cela, il ne suffit pas d'avoir appris des principes théoriques qui, au moins dans les cas les plus usuels, sont à la portée de toutes les intelligences, ni même d'avoir suivi plus ou moins longtemps un Cours de Comptabilité où les anciennes méthodes sont toujours enseignées. Un travail facile à comprendre n'est pas toujours facile à mener à bonne fin; et quelques écritures suivies, données comme exercices aux élèves comptables et reconnues justes, ne suffisent pas pour affirmer qu'ils se tireront d'affaire aussi aisément quand ils seront chargés d'organiser, de leur propre initiative, une Comptabilité dix ou vingt fois plus longue ou plus compliquée, et de tenir les Livres exacts et à jour.

Il faut arriver, **dans le minimum de temps et avec le minimum de travail,** *tout en se conformant aux exigences de la loi, à obtenir des écritures régulières, justes et complètes, se contrôlant par elles-mêmes, donnant instantanément tous les renseignements voulus, ne permettant pas le moindre retard dans leur enregistrement. Il faut, de plus, mettre à l'abri de toute indiscrétion les comptes, les opérations et les renseignements qui, par leur nature, doivent être tenus secrets.*

Ceci résume, dans ses grandes lignes, la tâche que nous nous sommes imposée, le programme que nous croyons avoir entièrement rempli, en créant un Système complet de Comptabilité rationnelle ayant, pour chaque genre d'affaires, un caractère monographique suffisant pour pouvoir être appliqué, n'importe à quel moment et sans jamais occasionner aucun arrêt dans les écritures, dans toutes les Maisons de commerce, d'industrie, de banque, qu'elles soient très importantes ou modestes, et quelles que soient la nature et la quantité des opérations qui s'y traitent.

Nous nous adressons donc particulièrement aux Chefs de maison et à leurs Comptables, certain d'avance qu'ils trouveront, dans notre Méthode et dans les différents modèles de Registres qui s'y rattachent et sont spécialement appropriés pour les Négociants, pour les Industriels, pour les Banquiers, pour les Sociétés de toutes catégories, une adaptation parfaite à leur genre de commerce ou d'industrie comme à l'importance de leur Service de comptabilité, et des avantages qu'aucun autre système connu jusqu'à ce jour ne saurait leur donner aussi complètement.

Voici quels sont les principaux de ces avantages, que nous garantissons d'une façon absolue :

Réduction du travail matériel du Comptable — et, comme conséquence, économie de temps — **de plus de moitié** *sur la partie double ordinaire;*

Régularité et tenue à jour constantes des écritures commerciales;

Un contrôle permanent, faisant constater la justesse des écritures aussi souvent qu'on le désire et sans travail supplémentaire, — supprimant par conséquent tous les pointages;

La situation des Comptes toujours établie;

Des renseignements complets et trouvés instantanément sur toutes les opérations de la Maison;

Le moyen, pour les Chefs de maison, de tenir secrets les résultats de leurs affaires et leurs situations respectives, et de clôturer eux-mêmes leurs inventaires, s'ils le veulent. Ce travail, préparé d'avance, réduit à sa plus simple expression comme longueur et difficulté, ne demande en tout que quelques heures par an.

Notre œuvre est le résultat d'observations sûres, acquises par la pratique de tous les systèmes de Comptabilité connus jusqu'à ce jour, et dont quelques-uns, établis un peu dans le même ordre d'idées que le nôtre, constituaient déjà un progrès. Nous en avons gardé ce qu'il y avait de bon, et éliminé tout ce qui nous paraissait défectueux ou susceptible d'améliorations, pour le remplacer par de nouveaux éléments dont nous avions reconnu, par expérience, la supériorité, surtout au point de vue de la rapidité et de la justesse des écritures, dans leur passation au moment des opérations comme dans leur clôture à l'époque de l'inventaire. En un mot, nous avons longuement étudié et mûri notre Méthode, pour la rendre aussi parfaite que possible avant de la livrer à la publicité.

Il semble que les auteurs des Systèmes dont nous parlons ci-dessus aient cru peut-être que leur intérêt était de les exploiter sans trop les divulguer, et non de les publier ouvertement. Car, il faut bien le dire, rien ou à peu près rien n'a été fait pour vulgariser ces Systèmes en les rendant compréhensibles pour la masse des Commerçants ou des Comptables, puisque ceux-ci pour la plupart, ne les connaissant pas ou ne sachant pas les appliquer d'eux-mêmes, emploient toujours la partie double classique.

Nous, nous pensons autrement; et notre désir le plus grand est de faire profiter tout le monde des avantages indiscutables que présente notre Procédé. C'est pourquoi nous le développons dans son entier, sans en rien cacher, sans en rien laisser obscur; nous efforçant, au contraire, par des explications claires et précises et de nombreux exemples à l'appui, de le faire comprendre dans toutes ses parties, et pour toutes les personnes ayant simplement quelques notions de Comptabilité; pourquoi enfin nous lui donnons la plus large publicité, heureux si nous réussissons à être vraiment utile.

L'AUTEUR.

L'IRRÉDUCTIBLE

SYSTÈME COMPLET DE COMPTABILITÉ

PRATIQUE ET SIMPLIFIÉE

EXPOSÉ

Le *Commerce* consiste dans l'échange des produits naturels et fabriqués, et aussi des valeurs et des monnaies, en vue de réaliser un bénéfice.

On peut diviser les Commerçants en trois catégories principales :

1° Les Fabricants ou Industriels, qui achètent des matières premières pour les transformer en produits fabriqués et les écouler dans le commerce;

2° Les Négociants, qui achètent les marchandises et les revendent telles qu'ils les avaient achetées, sans leur faire subir de transformation ;

3° Les Banquiers, dont les opérations consistent dans l'achat et la vente de valeurs pour leur compte ou pour le compte de leurs clients, l'escompte et l'encaissement du papier de commerce, et en général toutes les opérations dans lesquelles les espèces sont échangées contre des titres d'une nature et d'une valeur quelconques.

A ces trois catégories, il faut ajouter : les Commissionnaires en marchandises, les Courtiers, les Agents de change, les Commissionnaires de transports, etc., dont les opérations sont assimilables à celles des Négociants et des Banquiers.

Enfin les Commerçants peuvent être à la fois Négociants et Banquiers, ou même Industriels, Négociants et Banquiers.

Ce qui vient d'être dit a simplement pour objet de faire ressortir comme il convient les points de dissemblance profonde qui existent forcément, surtout par la nature des transactions, entre les diverses catégories de Commerçants, et qui rendent complètement impraticable l'idée d'une organisation uniforme pour tous, même quand il y a importance égale dans le service de la comptabilité de plusieurs Maisons comparées l'une à l'autre, mais différant entre elles par leurs genres de commerce ou d'industrie. Car, s'il est vrai que les principes fondamentaux en Comptabilité ne varient pas, il ne peut en être de même quand il s'agit de l'organisation du travail et de la disposition des registres à employer. Les registres du fabricant ou du négociant ne peuvent pas convenir au banquier, et *vice-versâ*, ou alors il faudrait se résigner à ne rien améliorer, à conserver l'ancienne méthode classique avec ses longueurs interminables, avec la certitude douteuse qu'elle donne au contrôle des écritures, avec ses livres principaux toujours semblables quelle que soit la nature de l'entreprise, son Journal dont la règlure uniforme n'abrège en rien le travail matériel qui est à faire dans son entier, comme si rien n'était tracé sur le papier.

Pour avoir une Comptabilité réellement pratique et rationnelle, il est nécessaire de faire usage de registres appropriés à ses opérations *à soi,* sur lesquels l'ouvrage est, en quelque sorte, indiqué, préparé d'avance, et ne laisse pas place aux hésitations, ni aux oublis, ni aux erreurs. C'est dans ce sens surtout, nous l'avons compris, qu'une grande amélioration était possible.

Cette question des modèles de registres est donc un point très important dans notre Système. C'est même grâce à leur disposition que nous pouvons assurer tous les avantages indiqués dans la Préface de cet ouvrage. Chacun de ces Livres a une destination particulière et bien déterminée; l'habitude de les bien tenir, régulièrement et dans la forme voulue, s'acquiert très vite et n'exige aucune tension d'esprit. Tous les Comptables indistinctement peuvent donc les adopter sans appréhension puérile, sûrement guidés qu'ils seront par le présent mémoire.

Le titre que nous avons choisi : l'IRRÉDUCTIBLE, peut paraître prétentieux. Nous désirons toutefois qu'il n'ait, pour ceux qui nous liront, d'autre signification que celle qu'il a pour nous, en indiquant simplement le but que nous poursuivons, qui est d'obtenir la **Réduction au minimum possible** des difficultés et de la longueur du travail.

Cette idée de réduction n'implique point, dans notre Système, la suppression des Renseignements généraux ou particuliers que tout Commerçant a le plus grand intérêt à connaître, puisque ses intérêts sont en jeu. Tout au contraire, ces renseignements lui seront fournis complets, comme aussi les recherches sont rendues plus faciles. Les descriptions et les exemples que nous donnons plus loin le prouvent surabondamment.

Notre système se compose de trois Registres principaux, inséparables et se complétant l'un par l'autre, d'un tracé caractéristique, rendant inutiles le Brouillard et plusieurs livres auxiliaires.

Ces registres sont :

1° JOURNAL;

2° BALANCES MENSUELLES. — SUBDIVISIONS DES COMPTES GÉNÉRAUX;

3° COMPTABILITÉ PRIVÉE. — INVENTAIRES.

A ces trois Registres, il faut ajouter le **Grand-Livre des Comptes courants,** qui n'a rien de spécial et peut être le même que celui adopté précédemment. Toutefois, nous indiquons dans nos modèles la réglure de celui qui nous paraît le plus pratique. (Modèle n° 10.)

Nous examinerons ces Livres l'un après l'autre pour en expliquer le jeu, en y appliquant comme exemples un certain nombre d'opérations supposées faites, qui peuvent se présenter dans une Maison quelconque de commerce, d'industrie ou de banque.

Ces divers exemples, devant être très variés pour embrasser le plus grand nombre de cas possible, ne peuvent, par conséquent, résumer les opérations ordinaires pendant un temps donné, opérations qui se répètent tous les jours; ils sont néanmoins suffisants pour simuler un ensemble d'affaires donnant un résultat. Ils sont traduits par des écritures passées d'abord sur le Journal ordinaire, et ensuite sur notre Journal, pour qu'on puisse facilement établir la comparaison. Ces écritures suivent ensuite la marche voulue sur les autres Livres : *Balances*, *Subdivisions*, *Inventaires*, où il est facile de les retrouver par leurs chiffres qui sont groupés logiquement dans les différents comptes.

Qu'on ne s'attende pas à trouver, dans ces exemples d'écritures ou dans nos explications, la solution à notre point de vue de certaines questions purement théoriques sur lesquelles les Professeurs de Comptabilité eux-mêmes ne sont pas d'accord. Nous ne prenons parti ni pour l'un ni pour l'autre, estimant en principe que l'art en cette matière doit consister avant tout à dégager le plus rapidement possible, du mélange confus que forment forcément les écritures de chaque jour accumulées pendant un temps déterminé, la situation précise et les résultats réels d'une entreprise; et que peu importent les Comptes qu'on aura employés pour passer tels articles au Journal, la forme paraissant parfois tronquée pour être abrégée sous laquelle seront présentées certaines opérations, si le but prépondérant qu'on se propose est atteint.

Le Mémoire que nous présentons n'est point un Livre classique, un Traité de Comptabilité comme il en existe tant déjà, dans lesquels les principes élémentaires, les définitions, les théories des Comptes et de tous les points se rattachant à cette science sont répétés d'une manière générale par tous les auteurs, présentés sous différentes formes, appuyés sur des exemples très variés, mais toujours mis en pratique par l'invariable mode traditionnel.

Il reste bien peu de choses à écrire dans cet ordre d'idées. Aussi nous en éloignerons-nous absolument, car nous ne pourrions que ressasser inutilement ce qui a été dit avant nous, et bien dit : ce qui est connu amplement déjà du public spécial dont nous sollicitons la bienveillante attention.

Nous laisserons donc de côté les choses sues; les rappeler serait nous détourner de notre but et risquer maladroitement de diminuer l'intérêt réellement exceptionnel qui s'attache au Procédé nouveau que nous avons à faire connaître, et dont le développement nous oblige, d'ailleurs, à une grande concision.

Faut-il croire que l'application de ce nouveau procédé changera profondément les habitudes du Comptable, ou révolutionnera de fond en comble l'organisation du service de la comptabilité dans les Maisons qui l'adopteront? Nullement. Tout ce qui est bien ordonné dans ce service subsistera sans que le changement de Méthode soit un obstacle à son maintien. Seules, les défectuosités disparaîtront. Dans tous les cas, si révolution il y a, elle s'appellera amélioration, car elle sera toute bienfaisante.

Ceci dit pour bien préparer le terrain sur lequel nous allons nous placer, abordons maintenant les explications. Mais auparavant, disons que, pour donner à nos démonstrations plus de suite et de clarté, nous diviserons le présent ouvrage en deux parties :

1° Comptabilité des Négociants et des Industriels;

2° Comptabilité des Banques en général.

Dans la première partie, nous prendrons les Registres qui conviennent aux Industriels et aux Négociants; dans la seconde, ceux qui sont spéciaux aux Banquiers.

Les principes de notre système sont les mêmes dans tous les cas; il n'y a que la nature des Comptes, leurs divisions et leur disposition sur les registres, qui diffèrent d'un modèle à l'autre.

EXPLICATIONS GÉNÉRALES

PREMIÈRE PARTIE

COMPTABILITÉ DES NÉGOCIANTS ET DES INDUSTRIELS

Premier Registre

JOURNAL (Modèle n° 1)

Ce Registre porte une réglure particulière qui permet d'inscrire les montants des diverses opérations directement aux Comptes généraux par lesquels elles doivent passer, sans qu'on soit obligé, en libellant les articles, d'écrire les noms de ces comptes, puisque ces noms figurent en tête des colonnes.

Des Comptes généraux dont se servent les Commerçants et les Industriels, on peut faire deux catégories. Les uns sont indivisibles, ne varient jamais dans leur rôle et n'admettent pas d'autre objet que celui qu'ils indiquent; tels sont : le compte *Caisse* qui ne peut donner autre chose que le mouvement des espèces ; le compte *Effets à recevoir* qui ne peut donner autre chose que le mouvement des effets en portefeuille. D'autres, comme le compte *Marchandises générales*, ou le compte *Frais généraux*, tout en étant partout semblables dans leurs fonctions, sont composés de plusieurs éléments très différents selon le genre de commerce ou d'industrie où ils sont appliqués. Ces divers éléments forment autant de Subdivisions de comptes, réunies sous la même dénomination, mais qu'il est indispensable de séparer si on veut avoir une connaissance parfaite des résultats d'exploitation, but réel de la Comptabilité. Or, ces subdivisions seront données par notre deuxième Registre ; il n'y a donc pas lieu de les faire figurer au Journal. Car il ne faut pas perdre de vue que, pour obtenir la plus grande rapidité possible dans le travail et le contrôle des écritures, il faut réduire au strict nécessaire le nombre des colonnes du Journal. C'est ce que nous avons fait. Bien mieux, nous avons groupé ensemble, pour les mettre dans la même colonne, des comptes différents qui, par leur nature ou leur jeu restreint, peuvent l'être sans inconvénient ; et nous avons disposé les colonnes de telle façon que, en passant les écritures au Journal, comme en reportant au Grand-Livre celles qui doivent l'être, on ait la plus grande facilité possible.

Nous croyons inutile d'expliquer ici, par le détail, de quelle façon chaque opération qui se présente doit être enregistrée sur notre Journal. La vue vaudra certainement mieux que les paroles. Bornons-nous à faire remarquer qu'**une somme inscrite dans une colonne au Débit doit toujours trouver sa contre-partie dans une ou plusieurs autres colonnes au Crédit -- et vice-versa — sur la même ligne, ou sur plusieurs lignes s'il y a plusieurs sommes au même Compte.**

Que le lecteur veuille bien placer sous ses yeux le Tableau-Modèle n° 1 : il y trouvera, reproduits dans la forme nouvelle, une série d'articles qui viennent d'être passés, aux pages précédentes, sur le Journal classique ; il pourra aisément comparer l'un à l'autre et se rendre compte de la différence de travail qui existe entre les deux systèmes.

Voici maintenant la description de notre Livre Journal.

La première colonne reçoit la date de l'écriture.

Les colonnes doubles n°s 2 et 3 servent à inscrire toutes les sommes qui, **seules**, devront être reportées **au Grand-Livre** sur lequel seront ouverts seulement les Comptes courants ou particuliers et le Compte Effets à payer. C'est pourquoi nous donnons à ces deux colonnes la rubrique *Grand-Livre*.

Dans la colonne n° 2, on portera, au Débit ou au Crédit selon le cas, les sommes devant être passées aux Comptes des *Banquiers*, des *Fournisseurs*, des *Voyageurs*, des *Agents*, des *Succursales* s'il y a plusieurs établissements, et des *Effets à payer*. Dans la colonne n° 3, celles relatives à la *Clientèle*.

Cette division est très utile dans les Maisons où il y a beaucoup de Comptes courants et qui emploient plusieurs Grands-Livres à la fois ; elle a de plus le grand avantage de permettre de connaître à tout moment le total des sommes dues par la clientèle. Dans d'autres Maisons, où les affaires peuvent être importantes, mais sont peu nombreuses, elle n'est pas absolument nécessaire. Pour ces dernières qui, étant donné le nombre restreint de leurs Comptes courants, peuvent sans inconvénient se contenter d'une seule colonne, par débits et crédits, de sommes à reporter au Grand-Livre, nous avons notre modèle n° 1 *bis*.

Sans être exclusif dans notre idée sur la question, bien souvent discutée, de la manière abrégée de passer les écritures au Journal dans nombre de cas, nous sommes partisan de la rédaction des articles qui permet de supprimer la répétition inutile, aux Comptes courants, de sommes qu'il suffit de porter aux Comptes généraux, chaque fois que cette suppression ne dénature pas les opérations faites et ne nuit pas aux recherches qu'on peut avoir à faire ultérieurement. Dans ce sens se placent les exemples et les explications qui vont suivre.

Les Effets à payer sont les billets que souscrit le Commerçant, ou les traites ou lettres de change qu'il accepte en les signant, après s'être assuré, au préalable, que la somme est bien due et payable à l'échéance indiquée. Ces effets portent tous un numéro d'ordre donné au moment de leur inscription sur un Carnet d'échéances, qui doit avoir lieu avant qu'ils ne soient remis, et l'article relatant cette remise d'un ou de plusieurs effets signés doit être passé au Journal. Les Avis de traites reconnus exacts peuvent être inscrits sur le Carnet d'échéances, mais ne doivent pas porter de numéro d'ordre, ni être passés au compte Effets à payer, tant que l'effet n'est pas présenté à l'acceptation.

Les bénéficiaires des Effets à payer sont généralement des Fournisseurs; c'est pourquoi nous les portons dans la même colonne au Journal. Dans bien des cas, on pourra se dispenser d'ouvrir un compte à un fournisseur, et passer, par exemple, l'écriture : *Marchandises générales à Effets à payer*, au lieu de : *Marchandises générales à X... fournisseur*, et *X... fournisseur à Effets à payer*, si la livraison de marchandises est réglée immédiatement; de même que l'on peut aussi passer : *Marchandises générales à Effets à recevoir et à Caisse*, au lieu de : *Marchandises générales à X... fournisseur*, et *X... à Effets à recevoir et à Caisse*. Le report au Grand-Livre du compte *Effets à payer*, avec le nom et l'adresse une fois dite de chaque bénéficiaire, le numéro, la somme et l'échéance de l'effet, équivaut à l'ouverture d'un compte pour ce bénéficiaire et rend en même temps superflu le livre auxiliaire d'Effets à payer. Quant aux Effets à recevoir, on retrouvera tout de suite également à qui ils ont été remis en règlement, que l'écriture en ait été passée, ou non, par un Compte courant ouvert au nom du cessionnaire.

Pour aller au-devant des objections qu'on pourrait nous opposer, remarquons que, quand on emploie l'ancienne formule « Tel compte doit à tel autre compte », si on peut dire avec quelque apparence de raison que *Marchandises générales* ne doit pas à *Effets à payer*, ni à *Effets à recevoir* mais à *X...*, puisque c'est X... qui fournit ces marchandises, ce raisonnement restrictif perd toute sa force, ne trouve plus son application si, comme dans notre système, cette ancienne formule disparaît.

Dans l'exemple ci-dessus, il est évident qu'il y a deux opérations : une réception de marchandises et un règlement de leur montant; mais ces deux opérations sont faites simultanément, et, même s'écoulât-il plusieurs jours entre la première et la seconde, que le résultat serait le même. La fin est atteinte en débitant *Marchandises* et en créditant *Effets à payer*, *Effets à recevoir* ou *Caisse*. Quant au Fournisseur, il est soldé; à moins de raisons particulières, point n'est besoin de lui ouvrir un Compte courant, d'autant plus que le détail de sa livraison sera trouvé tout de suite sur le livre auxiliaire *Entrée des Marchandises*, disposé comme nous le verrons plus loin.

Les écritures passées comme ci-dessus sont donc simplifiées et réduites sans aucun inconvénient. Cette simplification est aussi régulière que pour les ventes de marchandises réglées au comptant par les clients, et qu'on passe ainsi : *Caisse à Marchandises générales*, si on ne juge pas nécessaire d'en conserver la trace au compte du client. Nous l'indiquons sans prétendre toutefois en faire une règle générale, nous bornant à faire remarquer que, toujours et pour chaque opération de ce genre, le nom et même l'adresse de la personne qui reçoit un effet ou des espèces doivent figurer au Journal, qu'elle ait un compte ouvert au Grand-Livre ou qu'elle n'en ait point.

Les *Comptes courants* des fournisseurs sont fort longs à tenir dans certaines Maisons où ils sont très nombreux, et, pour la plupart, peu importants. Dans ces conditions, il est préférable de les supprimer, car ils n'ont pas, par eux-mêmes, beaucoup d'utilité pour les renseignements qu'ils donnent. Ces renseignements seront plus complets et aussi vite trouvés au *Livre d'Achats* ou d'*Entrée des Marchandises*, s'il est bien compris et bien tenu. On retrouvera aussi instantanément sur le Journal les règlements faits aux fournisseurs.

Le Compte collectif *Fournisseurs* est nécessaire seulement *comme contre-partie des achats de marchandises restant à régler* quand on veut établir sa situation. Les commerçants qui règlent eux-mêmes tous leurs achats aussitôt la marchandise reconnue, peuvent se dispenser d'ouvrir des Comptes courants à leurs fournisseurs et même d'avoir ce Compte collectif, en passant directement leurs règlements par le débit du compte *Marchandises générales*.

Cette disposition ne supprime nullement, d'ailleurs, l'avantage de pouvoir trouver de suite les renseignements relatifs aux marchandises livrées par chaque fournisseur, avec les prix et les conditions qu'il fait. Il faudra consulter pour cela, comme nous le disons ci-dessus, le Livre d'*Achats*, ou d'*Entrée des Marchandises*, ou d'*Enregistrement des Factures*, comme on voudra l'appeler; et ce Livre, tel que nous l'entendons pour qu'il puisse remplacer le Grand-Livre, devra être disposé et tenu, comme ce dernier, par comptes individuels ; le nom du Fournisseur et son adresse seront écrits en tête de la page et répertoriés. Ce Livre portera les colonnes suivantes : *Date de la facture ; Marques et numéros ; Quantité ; Nature des Marchandises livrées ; Prix ; Montant ; Total de la facture ; Escompte ; Date du règlement ; Folio du Journal.* Les factures n'y seront inscrites qu'après avoir été vérifiées, les marchandises reconnues et acceptées. La date du règlement de chaque facture sera mise d'après le Journal dont on indiquera le folio. (Voir le Modèle n° 11.)

Moins le Comptable aura d'écritures à reporter au Grand-Livre, et plus facilement il arrivera à établir juste le *Relevé des Soldes*, mensuel ou trimestriel selon leur plus ou moins grand mouvement, qu'il sera obligé de faire pour s'assurer que les comptes du Grand-Livre sont exacts et concordent bien avec le Journal. Cette besogne est longue par elle-même et nécessite souvent un pointage, surtout quand il y a une grande quantité de comptes : c'est pourquoi il ne faut pas l'augmenter inutilement.

Nous disons : *Relevé des Soldes*, et non *Relevé des comptes du Grand-Livre*, parce que, si les reports au Grand-Livre ont été faits avec attention, il sera inutile de relever les comptes soldés. La différence entre le total des soldes débiteurs et celui des soldes créditeurs pris individuellement sur le Grand-Livre, devra être égale à celle existant entre les Débits et les Crédits des Comptes courants d'après le Journal. Or, les totaux du Journal sont reproduits à la fin de chaque mois sur la *Balance d'Inventaire*, comme nous l'expliquerons plus loin ; c'est donc la Balance d'Inventaire qui servira de contrôle au Relevé du Grand-Livre ; et si les deux tableaux donnent, par leurs totaux, des différences égales, ce sera la preuve qu'il n'y a eu ni erreur ni omission.

Il existe un moyen d'apercevoir et de rectifier les erreurs de reports d'écritures au moment même où elles viennent de se produire. Ce moyen consiste à **reporter chaque somme : 1° du Journal sur le Grand-Livre ; 2° du Grand-Livre sur une feuille volante ou un bloc-notes sans jeter les yeux sur le Journal**. La feuille volante reproduira donc, par Débits et Crédits, toutes les sommes transcrites au Grand-Livre ; et si l'addition de ces sommes donne des totaux pareils à ceux du Journal pour les mêmes écritures, on peut être certain que les reports sont exacts. Si les totaux ne sont pas pareils, l'erreur, se trouvant localisée, sera retrouvée en moins de cinq minutes par un rappel des sommes.

L'assurance que donne au Comptable le moyen que nous indiquons ci-dessus contribue beaucoup à la rapidité du travail pour les reports au Grand-Livre, en faisant disparaître la crainte d'erreurs possibles qu'on ne pourrait retrouver que par la vérification mensuelle ou trimestrielle, souvent après de longues recherches.

Quand on arrêtera les Comptes du Grand-Livre à la date de l'Inventaire, **les Balances d'Entrée et de Sortie seront inutiles.** Si les Comptes courants sont à deux colonnes de chiffres au Doit et deux à l'Avoir — réglure que nous recommandons, — la seconde colonne servira à sortir *le total des sommes réglées* ou *rencontrées quand on fait le Relevé des Soldes*. Par sommes *réglées* ou *rencontrées*, nous entendons celles qui, figurant par exemple au Doit pour livraisons de marchandises, figurent aussi à l'Avoir par le règlement de ces marchandises. Ces sommes sont équivalentes, s'annulent, par conséquent; et il n'y a plus à en tenir compte. On pourrait même se dispenser de les totaliser au moment de l'arrêté des comptes, et se contenter de *séparer, par un simple trait au Doit et à l'Avoir, les sommes réglées de celles qui ne le sont pas*. Toutefois, il est préférable de totaliser pour savoir quel a été, pendant l'année, le mouvement de chaque compte courant, et de repartir avec un seul solde à nouveau au lieu d'avoir plusieurs sommes non réglées formant ce solde.

Pour résumer ce qui vient d'être dit, il est entendu que le *Relevé des Soldes*, pris sur le Grand-Livre, remplacera la *Balance de Vérification* qui est obligatoire dans la Méthode ordinaire et est infiniment plus longue. En effet, le contrôle que donne la Balance de Vérification n'existe réellement que *si les* **totaux généraux** *du Grand-Livre sont pareils aux* **totaux généraux** *du Journal,* ce qui oblige à relever les Débits et Crédits de **tous** les comptes, particuliers ou généraux, soldés ou non. Et encore, ce contrôle n'est-il que relatif, puisqu'il agit sur tous les comptes pris en bloc, et non sur chacun d'eux, de sorte qu'une erreur consistant en ce qu'une somme aurait été passée à un compte au lieu d'un autre peut subsister et passer inaperçue, même après la Balance de Vérification. Notre système abrège considérablement ce travail et donne une certitude de justesse absolue.

Quant à la suppression des Comptes courants de fournisseurs, et à la façon d'arrêter les Comptes sur le Grand-Livre, nous avons émis notre avis toujours dans l'esprit de la réduction du travail matériel; mais nous n'entendons nullement l'imposer, laissant à chacun le soin de choisir, dans les innovations qui précèdent, ce qu'il lui paraîtra bon d'adopter, étant donné son genre d'affaires.

Reprenons maintenant, après cette digression longue, mais nécessaire à l'article *Grand-Livre*, la description de notre Journal au point où nous l'avions laissée.

Dans la colonne n° 4, on inscrit le folio du Grand-Livre au moment où l'on reporte chaque opération au compte particulier indiqué. Cette inscription signifiera donc que le report a été fait.

S'il y a deux reports sur la même ligne, le folio du débiteur sera écrit au-dessus de celui du créditeur.

Quand on se sera assuré que toutes sommes à reporter au Grand-

Livre l'ont été, le signe *R*, mis au-dessous du folio du Journal, évitera de revenir en arrière.

Ces petits détails peuvent paraître puérils; ils ont cependant une grande utilité pratique.

Tous les autres comptes figurant au Journal : Caisse, Effets à recevoir, Marchandises générales, Frais généraux, Pertes et Profits, Comptes de valeurs immobilisées (colonnes n°s 6 à 10), sont forcément justes si la Balance du Journal est exacte. Donc, pour tous ces Comptes généraux, **pas de Grand-Livre et, par conséquent, pas de reports,** et contrôle certain et immédiat. Qu'on juge, par là encore, de l'économie de temps et de travail.

La colonne n° 5 sert pour le libellé des opérations. Ce libellé doit être rédigé clairement, sans répétitions et sans détails inutiles, de telle façon qu'en le lisant et en voyant dans quelles colonnes sont placées les sommes, on soit fixé de suite, et sans erreur possible, sur la nature des opérations.

La lecture dans ces colonnes est souvent suffisante pour expliquer immédiatement les opérations sans qu'il soit même nécessaire de les libeller. Ainsi, par exemple, il est inutile d'écrire :

Les suivants à **Laurent fils,** *de Versailles*		809 fr. 75
Caisse. *Sa remise 1 bon de poste*	20 fr.	
Effets à recevoir. *Sa remise 1 effet s/ Chabot, Paris, 31 août*	647 fr.	
Frais généraux. *Sa remise timbres-poste* . .	2 fr. 35	
Marchandises générales. *Celles qu'il a vendues*	120 fr.	
Marchandises générales. *Escompte 3 %* .	20 fr. 40	
TOTAL.	809 fr. 75	

Il suffit d'écrire tout simplement : (Folio 4, article 27 de notre Journal) « **Laurent fils** *à Versailles. S / R / p^r solde. Bon de poste. 1 Effet sur Chabot, Paris, 31 août* », et de porter au débit 20 fr. dans la colonne *Caisse;* 647 fr. dans la colonne *Effets à recevoir;* 2 fr. 35 dans la colonne *Frais généraux* avec la désignation : *Timbres-poste;* 120 fr. et 20 fr. 40 dans la colonne *Marchandises générales*, avec les désignations : *Rendu* et *Escompte 3 %*. Puis, comme contre-partie, 809 fr. 75 au crédit de Laurent fils, dans la colonne *Grand-Livre*.

Les passages soulignés ci-dessus ne seraient que la répétition de ce que disent clairement ces cinq sommes placées et désignées comme nous l'indiquons, sur la même ligne et en regard du nom de Laurent fils.

L'ancien libellé : *Tel compte général ou particulier à tel autre, ou Un tel aux suivants, ou Les suivants à Un tel* se trouve donc supprimé.

Pour rendre plus faciles les reports au Grand-Livre, on écrira, à partir du premier trait vertical à gauche, le nom de chaque Compte où il y aura une écriture à reporter. S'il y en a deux sur la même ligne, on écrira d'abord le nom du Débiteur, ensuite celui du Créditeur, séparés par le mot *à*. Les opérations ne nécessitant pas de report ne seront libellées qu'à partir du second trait.

Dans la plupart des cas, une seule ligne suffira pour enregistrer une opération même multiple. Donnons-en comme preuve le règlement ci-dessus de Laurent fils, qui embrasse cinq comptes différents. Cet exemple, comme rapidité, se passe de tout commentaire, et ne laisse rien dans le doute sur la nature et le détail complet, saisi d'un seul coup d'œil, d'une opération qui, avec l'ancienne formule, aurait pris au moins sept lignes. Toutefois, quand cela sera nécessaire, par exemple pour détailler les Effets, on prendra le nombre de lignes voulu.

Inutile de séparer par un trait une opération d'une autre; aucune confusion n'est possible et la lecture en est tout aussi facile.

La colonne n° 6 représente le compte *Caisse*, par entrées et sorties d'espèces. C'est la copie, reproduite chaque jour, du Livre de Caisse dont se sert le Caissier pour inscrire ses recettes et ses dépenses.

Il va sans dire qu'en faisant cette transcription, on devra éviter de répéter deux fois la même somme, comme dans le cas cité ci-dessus, où le client envoie un bon de poste, un effet, des timbres-poste, etc., écriture qui est passée de suite par le Comptable. La transcription du livre de caisse ne pouvant être faite que le lendemain matin, le Comptable ferait double emploi en passant de nouveau le montant du bon du poste encaissé.

On fera de temps en temps la vérification du compte Caisse, en s'assurant que le solde d'après le Journal est toujours conforme au montant de l'encaisse. Pour ce contrôle, une ligne est réservée au-dessous du titre *Caisse*. On y portera — première page du Journal — le solde en Caisse reconnu exact avant de commencer; et plus tard, chaque fois qu'on aura fait la vérification, on inscrira également le *Solde à telle date*.

Il est facile de comprendre que, pour obtenir le contrôle à une date ultérieure, il n'y aura qu'à prendre le solde précédent auquel on ajoutera ou on diminuera la différence entre les entrées et les sorties pendant la période qui vient de s'écouler.

La colonne n° 7, *Effets à recevoir*, supprime par sa disposition le livre auxiliaire qui porte ce nom. Les Effets sont entrés et sortis **sur le Journal même, et** portent comme numéro d'ordre le folio du Journal et le numéro de la ligne, de cette façon : 25-15, ce qui veut dire : folio 25, quinzième ligne. Les folios et numéros de sortie sont indiqués en regard de l'entrée; les folios et numéros de l'entrée sont indiqués en regard de la sortie; de sorte qu'on peut, à tout instant, faire d'après le Journal le relevé des Effets devant exister en portefeuille, et s'assurer qu'aucun ne manque à l'appel.

Une ligne est réservée au-dessous du titre, pour recevoir le *Solde* reconnu exact à une date déterminée, et qui doit toujours être le même que le montant des effets en portefeuille. Il est utile de faire souvent ce contrôle qui est obtenu très rapidement; on évitera ainsi les omissions ou les erreurs, et parfois les manquants, qui se produisent dans les Maisons où il y a un grand mouvement d'effets dont la vérification n'est faite qu'à de longs intervalles.

Une habitude bonne à adopter, c'est de **n'avoir en portefeuille que les effets que l'on reçoit;** ceux que l'on crée, et qui sont préparés d'avance, pouvant n'être timbrés et entrés qu'au moment de leur sortie **en bloc.**

Dans la colonne *Libellé des opérations*, l'espace est assez grand pour contenir le nom du Compte à créditer (cédant ou tiré), ou du Compte à débiter (cessionnaire), celui du payeur, le lieu de paiement et l'échéance de l'effet; ce qui est suffisant pour la plupart des commerçants.

On pourrait du reste, à volonté, entrer les effets sur le Journal, ou bien abandonner ce système et se servir du livre auxiliaire *Copie d'Effets à recevoir*. Mais, dans ce dernier cas, on se priverait, sans compensation, d'un avantage très grand.

Il va sans dire que les Banquiers escompteurs et encaisseurs d'effets sont exceptés; leur profession les oblige à faire usage de livres spéciaux d'*Entrée* et de *Sortie d'Effets à recevoir*. Pour eux, d'ailleurs, nous l'avons dit, d'autres modèles de registres sont particulièrement établis.

La colonne n° 8 porte le titre *Marchandises générales*.

On inscrira au débit de ce Compte toutes les sommes payées ou à payer pour les achats de matières premières ou d'objets ou produits fabriqués, la main-d'œuvre ou façon payée aux ouvriers pour travaux quelconques relatifs à la fabrication, le combustible et accessoires dépensés pour la production, les frais de transport, d'emballage, de douane, etc., les escomptes, remises, rabais consentis aux clients, les agios, la valeur des marchandises rendues par les clients, en un mot, toutes les dépenses venant augmenter les prix de revient des marchandises et toutes les réductions venant diminuer l'importance des ventes. Au crédit, le montant des ventes au comptant ou à terme, les escomptes accordés par les fournisseurs s'il y a lieu. (Ce dernier article sera supprimé si on passe les factures des fournisseurs pour leurs montants **nets,** ce qui est bien préférable, les escomptes étant indiqués d'une manière certaine, nous l'avons dit, sur le livre d'Entrée des Marchandises.)

La comptabilité des *Commissionnaires* diffère de celle des autres entreprises en ce que, les marchandises qu'ils achètent ou qu'ils vendent appartenant à leurs commettants, ils doivent passer le montant de ces opérations par les comptes personnels de ces derniers, et non pas par le compte Marchandises générales. Exécutant un ordre d'achat, le commissionnaire débite donc son commettant du montant des marchandises achetées et de tous les frais auxquels ces marchandises donnent lieu. En plus de ces sommes déboursées, le compte d'achat du commissionnaire comprend aussi la commission et le courtage qui lui sont dus et forment son bénéfice. S'il vend ces marchandises après en avoir reçu l'ordre, il perçoit également un courtage, une commission, un ducroire s'il y a lieu. Or, ce bénéfice devra être porté dans la colonne *Marchandises générales*, avec la désignation : *Commission*.

Le *Consignataire* procédera de la même façon pour toutes les marchandises reçues par lui en consignation et vendues pour compte.

Il va sans dire que toutes les opérations en marchandises qui pourraient être faites **personnellement** par les Commissionnaires et les Consignataires, en dehors des autres opérations pour lesquelles ils ne sont que mandataires, seront passées par le compte *Marchandises générales*.

Le *Commettant*, recevant un compte d'achat de marchandises qu'il laisse en dépôt chez son commissionnaire, ou expédiant d'autres marchandises à un consignataire, débitera le compte *Marchandises générales*, mais avec la mention : *Chez Un tel;* il évitera ainsi de confondre ces marchandises consignées avec celles qu'il a chez lui. Quand la vente en sera réalisée, il créditera le même compte avec la même mention; cela lui permettra de se rendre compte du résultat des opérations exécutées par les intermédiaires qu'il emploie.

Contrairement à l'usage assez généralement adopté bien à tort, croyons-nous, nous passons au Débit du compte *Marchandises générales* des sommes qui, dans d'autres Méthodes, sont passées au compte *Pertes et Profits*.

L'escompte, la remise, le rabais que réclame un client, les frais que vous payez pour encaisser le montant des effets qu'il vous remet ou que vous tirez sur lui en règlement de vos factures, sont des réductions prévues et consenties par vous, qui viennent diminuer les prix des marchandises livrées, mais ne sont pas des Pertes. Il y a perte seulement quand le client ne paie pas ce qu'il vous doit et que vous ne pouvez rien retirer de votre créance sur lui; et la perte s'augmente des frais de procédure inutiles.

Le résultat de la disposition ci-dessus sera de *donner très exactement le total réel des bénéfices bruts sur les affaires*, quand on arrêtera le compte Marchandises générales à l'inventaire; — chose qui n'existe pas si on dénature, en les passant comme *Pertes*, des réductions ou frais évidemment afférents au compte *Marchandises*, et qui, à la fin de l'année, forment parfois un chiffre assez respectable.

Entre les colonnes *Débit* et *Crédit* se place une colonne *Nature*, servant à indiquer, en abrégé, la subdivision adoptée d'avance, et à laquelle s'applique chacune des sommes inscrites, qu'on aura à grouper plus tard avec les autres sommes de même cause, pour en porter les totaux par catégorie sur le livre *Subdivisions des Comptes généraux*, au chapitre des Marchandises générales.

Dans cette colonne *Nature*, on écrit donc, en abrégé et en regard de chaque somme, le mot qui s'y rapporte. Exemples : **Achat** (de telle catégorie de marchandises ou de matières premières), **fabrication** ou **façon** ou **main-d'œuvre** (de tel genre), **emballage, port, douane, escompte, rabais, agio, rendu, rectification** (car il s'en produit toujours quelques-unes pour réparer les erreurs de prix, ou de quantités, ou de tout autre cause, quand les écritures sont passées), **vente** (de telles marchandises) **au comptant, à terme, Paris, Province, Étranger, commission, consignation, chez Un tel**, etc. Les Maisons s'occupant de plusieurs branches de commerce ou d'industrie, ou ayant plusieurs succursales, dépôts, usines, peuvent multiplier, changer ou grouper à leur gré ces désignations qui seront autant de **Sous-comptes**, pour avoir des renseignements aussi exacts que complets sur l'importance des chiffres dans chaque division qu'elles auront adoptée, et connaître ainsi les résultats séparément, soit par établissement, soit dans chacun de leurs genres d'affaires, etc. Est-il besoin d'affirmer que ces renseignements seront du plus grand intérêt?

La 9e colonne, portant le titre *Frais généraux, Pertes et Profits*, réunit par conséquent ces deux comptes. Non seulement cette réunion ne présente aucun inconvénient, mais elle offre, au contraire, un avantage très appréciable en supprimant une colonne inutile, et plus tard en simplifiant la Liquidation comme nous l'expliquerons.

On passera dans cette colonne, au débit du compte Frais généraux, toutes les dépenses qui sont à la charge de la Maison, autres que celles relatives aux marchandises, telles que : loyers, contributions, appointements des employés, frais de voyages, commissions aux voyageurs et placiers, publicité, timbres divers, frais de bureau, assurances, chauffage, éclairage, etc. Ce compte n'est crédité qu'accidentellement, par exemple pour timbres-poste sortis et remis en règlement, sous-locations, etc.

Au lieu de passer l'article *Frais généraux à Caisse* pour les dépenses personnelles ou prélèvements payés aux Chefs de Maison, seuls ou associés, il est préférable de débiter de ces paiements leurs comptes particuliers, et de passer en une seule fois, à la date de l'inventaire et pour une somme régulièrement la même, un article créditant le compte particulier par le débit de Frais généraux. (**Voir les exemples de notre Journal privé.**) De cette façon, le chiffre de bénéfices nets ne sera pas subordonné à l'importance, variable d'une année à l'autre, des dépenses personnelles aux Chefs de Maison.

Aux *Pertes et Profits,* il est bien entendu qu'on ne passera au Débit que les sommes réellement perdues ou considérées comme telles : créances irrécouvrables, erreurs de Caisse, etc. ; au Crédit, celles qui viendraient à être recouvrées. Les frais afférents aux marchandises seront exclus du compte Pertes et Profits ; mais les **Agios** payés ou reçus, pour négociation d'effets ayant une cause autre que le règlement de marchandises, y figureront.

La même colonne *Nature* existe, comme au compte Marchandises générales, pour désigner et porter plus tard au livre *Subdivisions*, par catégories, les dépenses et les rares crédits du compte Frais généraux, ainsi que le détail des Pertes et Profits.

Dans la 10e et dernière colonne, on portera au Débit ou au Crédit suivant le cas, les sommes à passer aux comptes suivants, qu'on peut appeler *Comptes de valeurs immobilisées :* **Matériel,** y compris Machines, Chevaux et Voitures, etc., **Mobilier** et **Agencement** (distinguer les achats et ventes et l'entretien ou réparation), **Loyer d'avance, Cautionnement à la Compagnie du Gaz, Immeubles** (compte des bâtiments et terrains que possède le Commerçant et dans lesquels il exploite son industrie ou son commerce).

La **Désignation** de chacun de ces comptes devra être indiquée dans la colonne portant ce mot, en regard de chaque somme passée tant au Débit qu'au Crédit, pour que ces sommes soient ensuite classées, par catégories, sur le livre *Subdivisions*, comme cela a lieu pour le détail des comptes Marchandises Générales, Frais Généraux et Pertes et Profits.

Dans le compte *Immeubles*, se présentent parfois des opérations qu'on a intérêt à ne pas laisser connaître : telles sont les hypothèques, les ventes et achats de bâtiments ou de terrains. Il est généralement préférable de passer les écritures relatives à ces opérations sur le *Journal privé* dont nous parlerons plus loin, tout en passant au Journal ordinaire, par exemple, les dépenses soldées par la Caisse courante et relatives à l'entretien des bâtiments, aux réparations ou aux changements peu importants qu'on y apporte et qui ne leur donnent pas de plus-value. Aucun inconvénient ne résultera du fait de passer sur l'un ou l'autre de ces deux Journaux des écritures concernant le même compte *Immeubles*, dont la situation s'établira d'après la Balance d'Inventaire.

Pour épuiser la liste des Comptes qu'un Commerçant peut être amené à employer, citons aussi le compte *Valeurs* ou *Titres*, qui comprend les opérations en titres de rentes, actions, obligations, etc., qu'une Maison de commerce peut acheter ou vendre, ainsi que l'encaissement des coupons attachés à ces titres, les comptes *Capital*, *Fonds de commerce*, et les comptes particuliers des *Associés*, *Prêteurs*, *Emprunteurs*, *Employés intéressés*. Tous ces comptes font l'objet d'une Comptabilité privée, tenue entièrement sur le troisième de nos registres, et ne devront pas figurer sur le Journal courant si ce n'est, nous l'avons dit, pour passer à leurs comptes personnels les dépenses et prélèvements payés par la Caisse courante aux Chefs de maison et aux Intéressés.

Quand une page du Journal est remplie, il faut s'assurer, avant de faire les additions, qu'aucune somme n'a été oubliée, et que toutes ont bien été inscrites dans la colonne voulue. Cet examen est facile et rapide, chaque somme devant trouver sa contre-partie sur la même ligne, ou sur plusieurs lignes s'il y a détail.

S'il y a une erreur dans un article sur une page additionnée, il ne faut pas gratter ni surcharger les chiffres, mais passer un autre article rectificatif ou un contrepassement.

Le report des additions d'une page sur l'autre est facultatif. On peut arrêter les additions au bas de chaque page du Journal, ou bien elles peuvent être reportées d'une page sur l'autre autant de fois qu'on le désire, pour être ensuite arrêtées. Quand elles seront arrêtées, on **biffera**, au bas de la page, les mots : **à reporter**.

Quand les articles passés au Journal dans le courant d'un mois sont nombreux, nous pensons qu'il est nécessaire d'arrêter les additions à la fin de la cinquième page, par exemple, sans aller au delà. Le travail résumé dans ces cinq pages sera suffisant pour demander à être contrôlé par la Balance des totaux, ainsi que pour le classement des sommes contenues dans les trois dernières colonnes du Journal, classement qui devra être fait sur une feuille volante pour être ensuite reproduit, par le total de chaque groupe, sur le Livre *Subdivision des Comptes généraux*.

Auparavant, on transcrira tous les totaux du Journal sur le Livre *Balances mensuelles*, après s'être assuré qu'ils sont bien exacts. Pour obtenir cette vérification rapidement et sans erreur possible, nous avons disposé, au bas de chaque page du Journal, **deux lignes** destinées à recevoir les totaux : la première pour les *Débits*, la seconde pour les *Crédits* des Comptes. L'addition horizontale des sommes abaissées sur chacune de ces deux lignes devra toujours donner deux totaux égaux, qu'on portera en regard du mot *Balance*. (*Voir au Tableau-Modèle n° 1*.)

L'avantage de cette disposition est facile à comprendre. La Balance étant faite **sur les chiffres mêmes** formant les totaux du Journal, **qu'on n'a pas à répéter**, il y a certitude absolue **qu'une erreur ne peut**

pas se glisser, tandis qu'elle serait possible en se trompant de chiffres dans la répétition de ces totaux que l'on ferait pour établir la Balance, répétition à laquelle donnent lieu les Journaux-Grands-Livres de tous autres systèmes. On objectera peut-être que l'addition horizontale est moins aisée que l'addition verticale. C'est une habitude à prendre. Dans la pratique on la prend très vite et sans difficulté.

Le travail entier du Journal, compris comme nous venons de le décrire, oblige le Comptable à tenir constamment à jour le Grand-Livre des Comptes courants, sur lequel il aura à reporter, en précisant les opérations qui se rapportent à chaque compte et en détaillant celles qui sont multiples, toutes les sommes figurant dans les 2e et 3e colonnes du Journal qui portent la rubrique *Grand-Livre*. En effet, ce n'est qu'en reportant au Grand-Livre qu'il peut voir exactement, et sans en oublier, quel escompte ou quel rabais, par exemple, un Client a déduit dans son règlement; et cet escompte ou ce rabais, qui **solde** une ou plusieurs livraisons de marchandises avec les espèces ou les effets qu'il accompagne, sera porté **en même temps** au Journal et au Grand-Livre.

Pour la même raison, nous engageons à ne faire l'addition d'une page du Journal **que quand on aura passé au Grand-Livre toutes les écritures à reporter de cette page.**

L'inscription des articles sur le Journal doit être faite **au jour le jour**, et peut l'être sans inconvénient par une autre personne que le Comptable, si ce dernier est malade ou absent. Il suffit, pour cela, d'avoir bien compris la marche à suivre.

Aucun retard n'est admissible également pour les additions du Journal qui doivent être forcément faites et balancées, sinon aussitôt chaque page terminée, du moins à la fin de la cinquième page au maximum. Nous recommandons de plus la transcription immédiate, sur le livre *Balances mensuelles*, de tous les totaux du Journal, et, sur le livre *Subdivisions*, du détail des comptes Marchandises générales, Frais généraux, Pertes et Profits, Comptes de Valeurs immobilisées.

Le véritable secret pour travailler vite et juste, c'est de ne rien laisser en retard.

JOURNAUX ET GRANDS-LIVRES DIVISÉS

Dans les Maisons où les opérations sont très nombreuses, et qui emploient un certain nombre de Comptables, il est nécessaire de diviser le travail pour le répartir entre chacun, afin qu'il n'y ait pas de retard. Les reports au Grand-Livre ne pouvant être tous pris sur un Journal unique qui peut être occupé toute la journée, on est amené à se servir de deux registres fonctionnant à la fois, de deux jours l'un : Journal aux quantièmes ou aux jours *pairs*, et Journal aux quantièmes ou aux jours *impairs*. De cette façon, les aides-comptables peuvent, sans être dérangés, reporter au Grand-Livre les écritures de la veille, si nombreuses qu'elles soient, le Journal pair étant à leur entière disposition toute la journée pendant qu'on se sert du Journal impair, et *vice-versa*.

Cette idée est ingénieuse et très pratique; seulement, au lieu de la division *Pair* et *Impair*, qui a un inconvénient parce qu'on ne travaille pas les dimanches et les jours fériés, nous préférons la division en *Journal A* et *Journal B* dont on se sert alternativement.

Certains Établissements emploient aussi, toujours dans le but de la division du travail, des *Journaux auxiliaires d'Achats* ou d'*Entrée des Marchandises*, de *Ventes* ou *Sortie des Marchandises*, d'*Atelier* ou de *Fabrication*, de *Caisse*, de *Portefeuille*, de *Règlements*, etc. Ces Journaux auxiliaires sont centralisés sur le *Journal général*, qui en reçoit les totaux par des articles récapitulatifs, et sur lequel on passe, de plus, toutes les autres écritures ne pouvant trouver leur place sur les Journaux auxiliaires. Les reports aux Grands-Livres sont pris sur chacun de ces Journaux, auxiliaires et général.

Ce système ne rend pas les services qu'on en attend s'il est appliqué à tort ou organisé d'une façon défectueuse. S'il présente de sérieux avantages, surtout dans les Maisons où les affaires sont extrêmement nombreuses, par contre il donne lieu, dans certains cas, à des inconvénients que nous allons signaler, en même temps que nous indiquerons le mode d'application qui nous paraît le plus pratique.

Le *Journal d'Achats* ou d'*Entrée des Marchandises* correspond au *Grand-Livre des Fournisseurs*. On ne devra y inscrire que les marchandises acceptées et reconnues, d'après les factures dont on aura vérifié les quantités, prix et montants, et toujours indiquer l'escompte accordé par le Fournisseur, pour ne pas oublier de déduire cet escompte lors du règlement.

Si les Fournisseurs sont réglés tous les mois, sur relevé de factures, on se servira d'un *Livre de Règlements des Fournisseurs*, sur lequel les relevés, après avoir été vérifiés, seront inscrits dans l'ordre alphabétique, et qui détaillera comment chaque Fournisseur aura été réglé : par espèces, effets à payer, effets à recevoir, chèques, timbres-poste, escomptes, rabais, etc. Comme ce Livre est assez souvent gratté ou surchargé à cause des rectifications qui peuvent se produire au moment de la paye, il sera nécessaire dans ce cas de recopier en détail les règlements sur le Journal général.

Il est entendu que les Fournisseurs ne seront débités des remises à eux faites en règlement **que s'ils ont été préalablement crédités du montant de leurs fournitures.** S'ils ne l'ont pas été, ce sera maintenant inutile de le faire; on débitera directement, sur le Journal général, le compte *Marchandises générales* du montant de chaque règlement. Nous nous sommes déjà expliqué sur ce sujet à la page 11.

Le *Journal des Débits*, ou plus exactement *Journal des Ventes*, est, dans certaines Maisons, occupé toute la journée. Dans ce cas, il est nécessaire, pour rendre possibles les reports aux *Comptes courants des Clients*, de diviser ce Journal auxiliaire en registre *A* et registre *B*. Le jour où l'un est employé, l'autre est libre pour les reports. On peut aussi adopter la division en *Débits Paris*, *Débits Province*, *Débits Étranger*, correspondant aux Grands-Livres *Clients Paris*, *Clients Province*, *Clients Étranger*, ou bien encore la division par ordre alphabétique.

Il arrive fréquemment que le Commerçant ne sait pas, quand il fait une livraison à un client, si cette livraison sera ou non payée au comptant, ou si une partie des marchandises qui la composent ne sera pas rendue. Le registre *Débits à condition* est très utile; mais il se produit souvent, dans certains commerces, des retours de marchandises qui avaient été débitées ferme.

Pour ces motifs, les Journaux de Ventes ou Débits avec trois colonnes de chiffres : *Montant des Ventes au Comptant, Montant des Ventes à Terme, Avoirs ou Marchandises rendues par les Clients*, nous semblent bien préférables aux registres à une seule colonne pour les montants.

Ne devront être considérées comme ventes au comptant que celles qui seront réglées dans la même journée, ou au plus tard avant que les additions ne soient faites sur le Livre.

Les ventes à terme et les avoirs seront seuls reportés au Grand-Livre.

Quand la colonne des ventes à terme est additionnée, ou que le montant d'une facture est reporté au Grand-Livre, il vaut mieux, si la somme reportée doit être diminuée pour cause d'erreur en trop ou de marchandise rendue, passer un article rectificatif, — plutôt que de gratter ou surcharger les chiffres, opération dont il faut s'abstenir. — Si l'erreur est en moins, on passera un Débit complémentaire.

Le *Journal de Caisse*, à colonnes multiples comme celles d'un Journal-Grand-Livre, est peu pratique. La classification par compte et par nature, pour les sommes payées ou reçues en espèces, doit être faite sur le Journal général; elle est par conséquent inutile sur le Journal de Caisse, et ne ferait qu'astreindre le Caissier à un travail plus long et à une plus grande attention, pour l'inscription de ses recettes et de ses dépenses, que s'il emploie le Livre de Caisse ordinaire.

Il est aussi plus rationnel de prendre les reports aux Grands-Livres sur le Journal général, où un règlement parfois composé d'espèces, effets, marchandises rendues, escomptes, rabais, etc., est compris et reporté en une seule fois et dans son entier, que de les prendre sur un Journal de Caisse qui ne doit comporter que des espèces et ne peut, par conséquent, indiquer autre chose qui soit réellement contrôlé, puisque le Caissier n'a pas le Compte courant sous les yeux. Reconnaître si un règlement de compte est juste, et le détailler, c'est l'affaire du Comptable et non du Caissier.

Pour ces raisons, nous préférons donc le Livre de Caisse ordinaire, sur lequel on inscrit tout simplement, au côté gauche, les recettes dans une seule colonne; au côté droit, les dépenses dans une seule colonne, qu'on arrête tous les jours et qu'on transcrit tous les jours sur le Journal général, soit en détaillant chaque opération, soit en groupant ensemble celles de même nature, comme les achats ou les ventes au comptant, la paye des ouvriers ou des employés, etc.

Toutefois, on pourra adopter sans inconvénient un *Journal de Caisse* portant en plus, au Doit et à l'Avoir, une colonne spéciale de sommes à reporter aux Comptes courants pour des opérations *simples*, complètes par un encaissement ou un paiement : *Caisse à Un tel*, ou *Un tel à Caisse*, et une autre colonne pour le folio du Grand-Livre. Dans ce cas, les opérations reportées pourront être transcrites en bloc par un seul article sur le Journal général : *Résumé du Journal de Caisse, folio... Total des encaissements* (ou *des paiements*) *reportés aux Comptes courants*.

Le registre d'*Entrée des Effets à recevoir*, et celui de *Sortie des Effets à recevoir*, sont nécessaires, nous l'avons dit, dans les Maisons de Banque, mais non chez les autres Commerçants. Ces derniers se trouveront bien d'adopter le mode d'enregistrement des effets **sur le Journal général même**, que nous avons développé à la page 16. Si grande que soit la quantité d'effets à recevoir créés ou reçus, notre Journal, divisé en deux registres servant alternativement, suffira toujours pour qu'il n'y ait aucun arrêt dans le travail de l'entrée des effets, de leur sortie, et des reports aux Comptes courants.

Certaines Maisons emploient le *Journal de Portefeuille*, registre qui réunit sur un seul tableau l'entrée, la copie et la sortie des effets, le détail des opérations, avec en plus une colonne d'escomptes et rabais pour le cas où un règlement de compte en renferme. Ce registre présente des inconvénients analogues à ceux du *Journal de Caisse*. Une remise d'effets peut être accompagnée d'une remise d'espèces ou de timbres-poste ou de marchandises rendues; il n'y a que le Journal général qui puisse grouper ces opérations multiples.

Le *Journal des Règlements de comptes*, pour les Comptes courants débiteurs et les Comptes courants créditeurs, avec le détail de tous les règlements inscrits dans les colonnes : *Caisse, Effets à recevoir, Effets à payer, Escomptes, rabais ou agios*, etc., remplit bien l'usage auquel on le destine. Malheureusement, il a aussi son côté faible, qui est de scinder en deux parties les écritures du compte *Caisse*, pour n'en prendre que les recettes ou les dépenses motivées pour réglement de compte, ce qui oblige le Comptable à prendre ses écritures, partie sur le Livre de Caisse, partie sur le Journal des Règlements. Les comptes *Effets à recevoir* et *Effets à payer* sont souvent aussi dans le même cas que le compte *Caisse*, car ils ne peuvent pas exclusivement fonctionner par les *Règlements de comptes*.

Les additions des Journaux auxiliaires peuvent être arrêtées tous les jours, ou toutes les semaines ; le plus souvent elles le sont tous les mois. Dans l'un ou l'autre cas, tous les totaux devront être transcrits sur le Journal général dans leurs colonnes respectives. Les totaux à porter dans les trois dernières colonnes seront **subdivisés** s'il y a lieu, et **désignés par nature** comme quand il s'agit d'opérations séparées, pour que chaque somme représentant une catégorie d'opérations puisse figurer comme il convient sur le registre *Subdivisions*. Le libellé sera ainsi conçu : *Résumé du Journal de... Folio...* et précisera les opérations.

Quoique le travail soit plus long, les totaux *par journée* nous sembleraient, à bien des points de vue, préférables aux totaux *par mois*. Nous avons dit que les articles ne trouvant pas leur place sur les Journaux auxiliaires sont passés directement au Journal général, à la date où les opérations se présentent ; il est donc tout naturel que les autres opérations, détaillées sur les Journaux auxiliaires et bloquées sur le Journal général, soient également inscrites sur ce dernier registre **à leurs dates véritables**, et non à la date de fin de mois.

D'autre part, **le Contrôle des Reports aux Grands-Livres par la**

feuille volante, dont nous avons parlé page 12, est facile avec des totaux par journée, tandis qu'il serait plus long et bien incertain s'il n'y avait qu'un seul total **par mois**, alors que les reports auraient été faits **tous les jours**.

Il est à remarquer, d'ailleurs, que le système complet de journaux auxiliaires centralisés n'est nécessairement applicable dans son entier qu'aux Maisons faisant journellement une très grande quantité d'opérations, comme par exemple les grands magasins de nouveautés, et que cette grande quantité exige précisément qu'elle soit totalisée et contrôlée **tous les jours**. Autrement, on n'atteindrait pas le but cherché.

Le travail matériel et de contrôle étant considérablement réduit par notre procédé, bien rares seront les Établissements où, malgré tout, on sera forcé de faire usage des Journaux auxiliaires. Notre Journal seul, en un ou en deux volumes, sera suffisant à peu près partout, et aura toujours l'avantage sur le système des Journaux centralisés dont le principal défaut, si on en excepte le *Journal des Ventes*, que nous approuvons sans réserve, est d'augmenter la besogne et d'obliger le Commerçant à employer, pour sa Comptabilité, un personnel plus nombreux qu'il n'est nécessaire.

Notre objectif est de **diviser et de réduire**, et non pas **d'augmenter pour diviser**.

Deuxième Registre

BALANCES MENSUELLES
SUBDIVISIONS DES COMPTES GÉNÉRAUX

(Modèles n°s 2, 3, 4 et 5.)

Le Registre qui porte ce titre, et dont l'importance n'échappera à personne, se divise en deux parties comme son nom l'indique. Nous l'avons établi pour qu'il puisse durer pendant cinq années.

La première partie, BALANCES MENSUELLES (Modèle n° 2), comprend un nombre suffisant de feuillets sur lesquels tous les Comptes du Journal sont reproduits et placés dans le même ordre de colonnes.

On transcrira dans ces colonnes **tous les totaux du Journal**; et il est évident que, la Balance ayant été faite sur le Journal chaque fois que les additions ont été arrêtées, la Récapitulation de ces Balances partielles, que l'on fera à la fin de chaque mois, devra se trouver aussi balancée, c'est-à-dire que **le total mensuel des Débits sera forcément égal à celui des Crédits, dans le cadre** *Récapitulation* **que nous plaçons à droite.**

Nous ne pouvons prévoir le nombre de lignes qui seront nécessaires à la transcription des totaux du Journal. Ce nombre, en effet, ne peut être uniformément le même pour tous les Commerçants; il est variable d'après la quantité d'écritures, et selon qu'on aura arrêté les additions du Journal au bas de chaque page ou toutes les deux, trois, quatre ou cinq pages. Chaque feuillet de ce deuxième Livre contient soit trois Balances mensuelles, soit une seule; et dans ce dernier cas, le registre est du même format, mais trois fois plus épais. Le Comptable aura donc la faculté de s'organiser à ce sujet comme il l'entendra pour sa plus grande commodité.

Les totaux mensuels **ne devront pas être reportés d'un mois sur l'autre**; ils seront récapitulés et balancés dans le cadre de droite.

Nous croyons inutile d'entrer dans aucune explication de détail sur la façon de procéder pour établir les Balances mensuelles. Ce travail est compris à la seule vue du tableau, préparé d'avance, sur lequel on le fait. Aucune Maison bien organisée ne peut s'en dispenser. Il donne à la fois un contrôle absolu des écritures, et des renseignements généraux sur le mouvement de chaque compte pendant une période d'un mois.

Mais ce n'est là que le plus petit côté de l'utilité de ce travail. Les chiffres des *Balances mensuelles* ont une importance bien plus grande. En effet, c'est par eux qu'on pourra obtenir la position de tous les Comptes généraux, la *Situation générale* à la fin du mois, à la fin de la journée même si on le désire, en un mot, l'**Inventaire permanent**.

Que faudra-il faire pour cela? Transcrire ces chiffres, aussitôt connus, sur le tableau de la *Balance d'Inventaire*, où figurent d'avance les Soldes de tous les comptes à l'inventaire précédent, et tirer, des totaux généraux, les Soldes débiteurs ou créditeurs à la date où on se place. Seul, le compte *Marchandises générales* ne présentera pas son solde véritable, et cela se comprend car les Ventes, qui figurent au Crédit, se composent de deux choses distinctes : 1° le prix de revient des marchandises; 2° le bénéfice perçu. Les bénéfices sont donc confondus avec les marchandises; il s'agira de les séparer en ramenant, à la valeur des marchandises existant en magasin, le solde débiteur de ce Compte. Les Livres de *Magasin*, d'*Entrée des marchandises*, de *Frais de fabrication*, s'ils sont tenus à jour et bien compris, peuvent fournir ce renseignement, sans qu'on soit obligé de procéder à un inventaire, dans les Maisons où le détail des marchandises n'est pas considérable. Dans tous les cas, il est facile d'évaluer, par leur **taux moyen** qui est toujours connu, les bénéfices réalisés sur les ventes. Il n'y a donc aucune impossibilité de pouvoir établir la **Situation mensuelle**, ou **hebdomadaire**, ou même **quotidienne**.

La seconde partie : SUBDIVISIONS DES COMPTES GÉNÉRAUX, comprend trois chapitres.

Elle se compose de tableaux synoptiques préparés d'avance, comportant un certain nombre de colonnes destinées à recevoir, classées par groupes de même nature, toutes les sommes inscrites avec leurs désignations dans les trois dernières colonnes du Journal :

1° Marchandises générales ;
2° Frais généraux. — Pertes et Profits ;
3° Comptes de valeurs immobilisées.

Le groupement de ces sommes par *nature* ou *catégorie* adoptée d'avance doit être fait sur une feuille volante chaque fois qu'une addition est arrêtée sur le Journal ; et les montants par *groupe* sont transcrits de suite sur le livre *Subdivisions*.

A la fin du mois, on additionne au bas de chaque colonne toutes les sommes transcrites, comme on l'a fait pour la Balance mensuelle, avec cette différence que **les totaux ne doivent pas être arrêtés mois par mois, mais continués pendant toute la période de temps qui s'écoulera d'un Inventaire à l'autre.**

Comme on le voit, ce travail a pour objet de **subdiviser**, en autant de parties qu'on le juge nécessaire ou simplement utile, les Comptes généraux ci-dessus indiqués, qui, sans cela, composés d'éléments très divers et ne pouvant être examinés que dans l'ensemble où ils seraient fondus et non en détail, ne sauraient donner tels quels aucune indication précise.

Le nombre de lignes horizontales exigé pour la classification des sommes dans les diverses colonnes du livre *Subdivisions* est forcément le même que pour les Balances mensuelles, de sorte que, pour la même période d'un mois ou de trois mois, les folios correspondent entre eux dans les quatre parties du registre. Cela permet de trouver instantanément les chiffres que l'on cherche quand on veut faire la comparaison entre périodes correspondantes ou différentes.

L'observation que nous avons faite au sujet du nombre de lignes nécessaires pour établir la Balance mensuelle s'applique donc aussi aux

Subdivisions des Comptes généraux : Un feuillet contiendra soit un trimestre, soit un mois.

Nous allons maintenant examiner brièvement, et dans leur ordre, les trois chapitres de ce Livre, pour en faire ressortir toute l'économie, qu'on a, d'ailleurs, déjà entrevue.

1° *Subdivisions du Compte* **Marchandises générales.**

(Modèle n° 3.)

Dans toutes les Maisons de commerce ou d'industrie, il est d'une importance capitale de connaître de quoi se composent les sommes passées au Débit et au Crédit du compte Marchandises générales pendant un temps déterminé, de pouvoir établir la comparaison avec les périodes correspondantes des années précédentes. Ce dépouillement statistique permet au Commerçant de suivre en détail la marche de ses affaires mois par mois, et, en comparant les chiffres, de voir s'il y a augmentation ou diminution dans les achats, les mains-d'œuvre, les frais divers, comme dans les ventes; d'établir exactement, à l'Inventaire, le rendement ou bénéfice brut réalisé dans le courant d'un exercice, et de constater en même temps sur quelles parties portent les différences dans les résultats, pour pouvoir apporter les remèdes nécessaires si, par un défaut portant sur un point déterminé, le rendement de certaines affaires est mauvais ou insuffisant.

Ainsi que nous l'avons précédemment expliqué, le Débit du compte Marchandises générales comprend toutes les sommes quelconques formant en bloc le montant de revient des marchandises ou diminuant le total des ventes : tels sont les achats divers, la main-d'œuvre ou façon, les frais de production de force motrice, de combustible pour la fabrication, ceux de transport, d'emballage, de douane, les escomptes, remises, rabais, les agios, les rendus, etc. Le Crédit du même compte se compose de l'importance de toutes les ventes réalisées, qu'on peut également diviser comme on veut, en ventes au comptant, ventes à terme, ventes dans la ville où l'on est établi, ou à Paris, dans la province, à l'étranger, ou par succursale, dépôt, etc., ou bien encore par espèce de marchandise.

C'est surtout le Livre **Subdivisions** qui doit être spécialement approprié aux besoins particuliers de chaque Commerçant ou Industriel, pour rendre réellement les services qu'on peut en attendre. Le chapitre des Marchandises générales, principalement, se compose d'éléments trop dissemblables, d'une entreprise à une autre, pour qu'il soit possible d'adopter un modèle uniforme, avec le même nombre de colonnes comportant les mêmes désignations. Il est facile de comprendre que les subdivisions de ce Compte peuvent varier à l'infini. Le négociant qui fait le trafic de plusieurs produits différents voudra connaître le résultat de ses affaires sur chaque produit séparément; s'il est commissionnaire ou commettant, il voudra savoir le résultat de la commission à part de celui de ses autres affaires; ou bien, s'il a plusieurs succursales, dépôts, etc., il désirera être renseigné sur le rendement de chacun de ses établissements. L'industriel a un compte de fabrication que le négociant n'a pas; il est nécessaire qu'il se rende compte de ce qu'il paie pour ses achats de matières premières, pour les mains-d'œuvre différentes qui transforment ces matières premières en objets fabriqués, pour les frais de toute nature qui grèvent d'autant les prix de revient des articles qu'il livre à ses clients; il peut aussi avoir plusieurs usines et vouloir être fixé exactement sur l'importance de la production dans chaque usine, etc. Il faut que tous ces renseignements lui soient fournis sans aucune difficulté, par des chiffres rigoureusement exacts et répartis comme il le désire. Son livre de Subdivisions ne peut donc pas être pareil à celui du négociant, ou d'une industrie différente de la sienne. Autrement disposé doit être aussi le livre des façonniers, des industriels ne se chargeant que de travaux, qui n'ont, le plus souvent, que des comptes de mains-d'œuvre et de frais, et non d'achats de marchandises ou de matières premières.

Pour ces motifs, ce Livre sera établi conformément aux indications qui nous seront données. Nous appliquerons aux colonnes les noms qu'on désirera. Remarquons en passant que **ces noms, ou plutôt ces**

Sous-comptes **devront être les mêmes que ceux adoptés d'avance et écrits en abrégé sur le Journal dans la colonne** *Nature*.

Toutefois, nous avons établi, dès maintenant, le **Modèle spécimen n° 3** qui est applicable sans modification dans beaucoup de Maisons. Plusieurs colonnes sont réservées pour les achats divers, plusieurs pour les mains-d'œuvre, les autres pour les frais divers, etc.; plusieurs aussi pour les ventes.

En plus des colonnes de détail, existent deux colonnes de récapitulation : *Total du Débit*, *Total du Crédit*, servant à recevoir les totaux mensuels du compte Marchandises générales, résultat de l'addition des chiffres portés dans les colonnes de détail. Ces totaux devront toujours être les mêmes que ceux de la Balance correspondante, et seront additionnés et reportés pendant le laps de temps qui s'écoulera d'un inventaire à l'inventaire suivant, pour que, d'un seul coup d'œil, on puisse se rendre compte tous les mois à la fois du mouvement mensuel et du mouvement général de ce Compte.

Le solde à l'inventaire précédent ne doit pas figurer sur ce Livre, pas plus qu'il ne figure sur le Journal.

2° *Subdivisions des Comptes* **Frais généraux** et **Pertes et Profits.**

(Modèle n° 4.)

La composition de ces deux Comptes est également très intéressante à connaître dans toutes les entreprises, et la comparaison qu'on peut faire entre les dépenses diverses effectuées au chapitre des Frais généraux pendant des périodes correspondantes ou différentes, donne de très utiles enseignements.

La façon de procéder étant absolument la même pour le détail des Frais généraux et des Pertes et Profits que pour celui du compte Marchandises générales, nous nous dispenserons de toute explication nouvelle. Citons seulement les principales subdivisions que nous avons désignées en tête des colonnes, mais qui pourront être modifiées sur la demande qui nous en sera faite :

Pour le compte Frais généraux : Loyers, Contributions, Appointements des employés, Commissions aux placiers, Frais de voyages et Commissions aux voyageurs, Publicité, Assurances, Éclairage, Chauffage, Timbres divers, Frais de bureau, Divers, — Total du Débit. Au Crédit : Divers (*sous-locations*, etc.).

Pour le compte Pertes et Profits : Débiteurs insolvables, Erreurs de caisse, Agios (*débit et crédit*), Divers. Ce compte n'aura que fort peu de mouvement, si ce n'est au moment de l'inventaire. Les amortissements, résultats et répartitions ne figureront pas sur ce Tableau : ils seront passés sur la Balance d'Inventaire (*voir à cet article*), et non sur le Journal.

3° *Séparation et Subdivisions des Comptes de* **Valeurs immobilisées.**

(Modèle n° 5.)

Nous avons donné cette dénomination générale aux Comptes suivants : *Matériel, Mobilier, Agencement, Loyer d'avance, Dépôt à la Cie du Gaz, Immeubles.*

Ces Comptes n'ont jamais beaucoup de mouvement, à part le **Matériel** dans certaines Maisons industrielles. Pour ce dernier compte seulement, qu'il est souvent nécessaire de subdiviser par classification d'objets, instruments, machines, chevaux et voitures, etc., nous avons réservé plusieurs colonnes. La disposition est, d'ailleurs, susceptible de modifications comme pour les deux modèles précédents.

Les dépenses relatives au Matériel, au Mobilier et à l'Agencement sont de deux natures : **achat et réparation ou entretien**; on devra toujours les distinguer et les séparer. Au compte Immeubles, ne figureront que des dépenses d'entretien ou de réparation.

Pour le classement à ces divers comptes des sommes prises sur le Journal, ainsi que pour leur totalisation, on procède de la même façon que pour les Marchandises générales, les Frais généraux et les Pertes et Profits. Les écritures passées au Journal pendant l'année, relatives aux Comptes de Valeurs immobilisées, seront seules reportées sur ce Tableau, et non les soldes à l'inventaire précédent.

Troisième Registre

COMPTABILITÉ PRIVÉE. — INVENTAIRES

Nous recommandons aux Chefs de maison de tenir eux-mêmes ce Livre, autant que possible; en tous cas, de le mettre à l'abri de toute indiscrétion. La divulgation des renseignements qu'il contiendra ne pourrait, en effet, que leur être préjudiciable et nuire parfois aussi à d'autres personnes intéressées.

Le travail à faire ne demandera, d'ailleurs, que très peu de temps : quelques minutes tous les mois, et une heure ou deux seulement au moment de l'arrêté des inventaires, même dans les Maisons les plus importantes.

La première partie de ce troisième registre, intitulée COMPTABILITÉ PRIVÉE, se compose : 1° de feuillets ayant un tracé analogue à celui du Journal; 2° d'autres feuillets mis à la suite, réglure d'un Grand-Livre ordinaire, destinés à recevoir les comptes particuliers des Chefs de maison, Commanditaires, Prêteurs, Emprunteurs, Employés intéressés.

Les écritures à passer sur ce Journal et ce Grand-Livre privés sont généralement celles ayant trait aux opérations suivantes : Constitution du capital, Versements ou Apports effectués par les associés, commanditaires, prêteurs, Dépôt en banque des fonds dont on n'a pas l'emploi immédiat, Achat et Vente d'immeubles, Emprunts hypothécaires, Opérations de bourse, Allocations d'intérêts, Prélèvements et Répartitions des bénéfices ou des pertes entre les associés, Comptes des emprunteurs, etc.

Les sommes payées par la Caisse courante, pour dépenses personnelles ou prélèvements, au débit des Chefs de maison ou autres Intéressés, pourront, sans inconvénient, être passées au Journal ordinaire (colonne n° 2), et reportées au compte de chacun qui sera ouvert sur le Grand-Livre des Comptes courants. Dans ce cas, le total de ces dépenses, figurant à chaque compte particulier sur le Grand-Livre ordinaire, sera soldé, à la date de l'inventaire, par l'article : **Virement à son compte privé,** et reporté en même temps sur le Grand-Livre privé.

Il peut se faire également que le Banquier ait deux comptes : l'un ouvert au Grand-Livre ordinaire, l'autre au Grand-Livre privé. Cela ne présente aucun inconvénient. Les écritures de la Comptabilité privée sont à part des autres écritures courantes, avec lesquelles elles ne font point double emploi. Quoique passées sur un autre Livre, elles sont parfaitement régulières.

La **Situation** à la date de l'inventaire est établie d'après la réunion de ces deux catégories d'écritures, réunion qui s'opère à la deuxième partie du Registre dont nous nous occupons, intitulée : **Inventaires.**

Les colonnes du *Journal privé* portent les titres des Comptes généraux dont on peut avoir à se servir pour enregistrer les diverses opérations qu'on tient à ne pas divulguer. Une seule colonne : *Grand-Livre privé* reçoit l'inscription de la somme à reporter au compte particulier de chaque intéressé auquel s'applique l'opération détaillée dans la colonne *Libellé.*

Quant au *Grand-Livre privé*, il est tenu dans la forme ordinaire ; on peut y adjoindre les colonnes nécessaires pour calculer les intérêts s'il y a lieu.

Étant donné le nombre toujours très restreint des écritures privées, le temps nécessaire pour les tenir à jour est insignifiant. Par les exemples que nous donnons sur notre Modèle n° 6, répétés également d'après l'ancienne formule et expliqués à la page 42, les Chefs de maison les comprendront à première vue.

Disons seulement que le Journal et le Grand-Livre privés sont arrêtés à la date de chaque Inventaire, et que les totaux du Journal privé sont transcrits, compte par compte, sur la **Balance d'Inventaire,** où une ligne est préparée pour les recevoir.

Nous arrivons à la seconde partie de notre dernier Registre, portant le titre : INVENTAIRES.

Le travail que résume ce mot est le plus important de la Comptabilité; il est aussi le plus difficile à mener à bonne fin et généralement le moins bien compris. Aussi nous étendrons-nous plus longuement à son sujet, avec d'autant plus de raison que, notre système différant complètement des autres sur ce point surtout, il est de notre devoir de ne rien laisser inexpliqué dans cette manière nouvelle.

La locution *Faire son Inventaire* ne signifie pas seulement : Faire le relevé des marchandises existant en magasin. L'Inventaire comprend, dans son entier, tout le travail nécessaire pour établir, par *Actif* et *Passif,* la **Situation commerciale** d'une Maison à une époque déterminée; et la différence entre cette situation et la précédente est le **Résultat réel,** en bénéfice ou en perte, des opérations faites pendant la période qui vient de s'écouler.

On comprend donc combien il est important de ne rien oublier dans le relevé de tout ce qui forme l'Actif : Fonds de commerce, Immeubles, Marchandises, Matériel, Espèces, Effets à recevoir, Titres, Débiteurs divers, etc., et de tout ce qui forme le Passif : Toutes les sommes dues par la Maison, pour quelque cause que ce soit, à la date où se place l'Inventaire; combien il est important également de toujours procéder de la même façon tous les ans, principalement pour l'estimation des marchandises et du matériel; puisque, de la bonne observation et application de cette règle générale, dépend l'exactitude des chiffres donnant le résultat d'un exercice.

Il faut inventorier les Marchandises de vente courante, y compris les travaux auxquels elles ont donné lieu, d'après leurs prix de revient nets; celles qui ont perdu de leur valeur parce qu'elles sont défraîchies ou démodées, et qu'on ne peut vendre qu'en les soldant, doivent être dépréciées dans une juste mesure, et comptées pour ce qu'elles valent intrinsèquement. Avoir bien soin d'inventorier **toutes** les marchandises existant à la date de l'inventaire, payées ou non.

Le Matériel, le Mobilier, l'Agencement, seront détaillés comme les Marchandises, et comptés à l'Actif pour les sommes qu'ils ont coûté, déduction faite de la moins-value qu'ils ont subie par l'usure et le temps. Le taux de cette dépréciation varie généralement, selon les objets, de dix à vingt pour cent par an : toutefois, même au bout de dix ans, les objets ont encore une valeur; il convient donc de ne pas les amortir complètement.

Les Espèces en caisse et les Effets à recevoir en portefeuille figurent à l'Actif pour leur montant effectif, qui doit être le même que le solde donné par les écritures.

Les Titres, s'il y en a, sont comptés au cours du jour; la différence avec le montant de leur achat forme un profit ou une perte.

Le relevé des *Soldes* du Grand-Livre donnera à l'Actif le total des Comptes courants débiteurs; au Passif, le total des créditeurs. Il devra être d'accord avec le Journal, après avoir soldé par Perte ou Profit les comptes qui doivent l'être : par exemple, ceux des débiteurs complètement insolvables, desquels on ne peut rien attendre.

Les Créances douteuses ou litigieuses resteront comprises pour leur entier dans le total des Débiteurs, mais formeront, par contre, au Passif un article spécial, dans le compte **Valeurs immobilisées.**

La valeur du Fonds de commerce, une fois établie soit par l'achat du fonds, soit par l'estimation qu'on lui a donnée, est peu susceptible de changement. Toutefois, si on constatait que la moyenne des résultats pendant les cinq dernières années, en augmentation ou en diminution de bénéfices nets par la marche naturelle des affaires et en dehors des causes accidentelles, variait notablement, il y aurait lieu de modifier proportionnellement le chiffre précédemment fixé.

Les dépenses faites pour la réparation et l'entretien des bâtiments n'augmentent pas la valeur des Immeubles et doivent être, par conséquent, soldées par **Pertes**, de même que celles relatives à l'entretien du matériel, du mobilier et de l'agencement. S'il n'y a pas eu de dépenses à ce chapitre, il convient de réduire l'estimation des constructions, en les amortissant du montant des détériorations qui se seraient produites pendant l'année.

Par contre, les terrains peuvent, dans certaines circonstances, acquérir une plus-value; dans ce cas, il n'y a pas lieu de déprécier la valeur des immeubles.

Il est bon de répartir sur plusieurs années les grosses dépenses de réparations, et, en général, d'adopter un taux régulier et normal tous les ans pour les amortissements divers.

Cette question des amortissements est très délicate surtout dans les Sociétés par Actions, car le dividende à distribuer, qui influe sur le cours des actions, est subordonné au chiffre de bénéfices nets qui sera plus ou moins élevé selon qu'on aura amorti peu ou beaucoup.

Nous avons dit que le Passif se compose de toutes les sommes dues par la Maison, pour quelque cause que ce soit, à la date où se place l'Inventaire. Ces sommes sont connues pour une partie par le Grand Livre, sur lequel nous avons relevé les Comptes courants créditeurs et les Effets à payer. Mais ce n'est pas le tout; il reste encore d'autres sommes dues à divers qui n'ont pas de compte, ou dont on ne peut passer écriture que pour les besoins de l'inventaire, quitte à contre-passer cette écriture le lendemain. Tels sont : au compte Frais généraux, les loyers, les contributions, les appointements, assurances, etc., frais restant dus ou pouvant l'être, pour lesquels il faudrait créditer le compte particulier du propriétaire, du receveur, etc.; au compte Marchandises générales, les factures des fournisseurs dont on peut avoir omis de passer écriture avant d'arrêter le Journal, la main-d'œuvre restant à payer aux ouvriers, les escomptes et rabais que déduiront les clients débiteurs, le décompte du Portefeuille, etc.; aux Comptes Immeubles, ou Agencement, les mémoires des entrepreneurs, que l'architecte n'a pas encore vérifiés et qu'on ne peut inscrire que pour leur montant le plus approximatif; au Compte Matériel, le mémoire du constructeur ou du fournisseur, non réglé et dont l'écriture peut avoir été omise.

Au lieu d'ouvrir des comptes individuels et créditer chacune des personnes à qui ces diverses sommes sont dues à la date de l'Inventaire, ce qui serait fastidieux, le comptable crédite généralement un compte collectif **Créanciers divers**, et passe le lendemain une écriture opposée pour solder ce compte collectif qui n'avait lieu d'être que pour arriver à établir la Situation.

Avec notre système, ces écritures fictives ne figureront pas sur le Journal. Toutes les sommes dues pour les causes ci-dessus seront relevées sur un État nominatif des **Créanciers divers sans compte**, et le total de ces sommes sera porté sur la **Balance d'Inventaire**, dans une colonne réservée pour cela.

Quand on aura bien préparé le travail de l'Inventaire comme nous venons de le décrire et sans avoir rien oublié, il n'y aura plus qu'à transporter sur la **Balance d'Inventaire** même les chiffres obtenus et reconnus exacts, et ensuite à liquider les comptes qui doivent l'être.

*Les explications qui vont suivre sont nécessaires et s'appliquent aux exemples donnés sur nos Tableaux-Modèles n*os *6, 7 et 8. Nous prions donc le lecteur de mettre ces modèles devant ses yeux.*

JOURNAL ET GRAND-LIVRE PRIVÉS

EXEMPLES

Le **Journal privé** (Mod. n° 6) relate les écritures de la Maison J. Durand, F. Leroy et Cie, composée de : M. J. Durand, industriel, qui prend un associé gérant au même titre que lui : M. F. Leroy, et un associé commanditaire : M. Ed. Leroy.

Lignes 1, 2, 3. — Au moment de la constitution de la Société (1er juillet 1893), chaque associé est débité de la somme qu'il doit apporter d'après l'acte de Société :

J. Durand	Fr.	280 000 »
F. Leroy		200 000 »
Ed. Leroy.		150 000 »
TOTAL FORMANT LE CAPITAL SOCIAL. . .		630 000 »

Les apports de chacun sont versés le même jour. Écriture en est donc passée à leur crédit :

Lignes 4, 5, 6. — J. Durand apporte :

En espèces	7 000	»
2 effets à recevoir, ensemble	15 000	»
Marchandises inventoriées	78 000	»
Matériel estimé	70 000	»
Mobilier estimé	4 000	»
Agencement estimé	6 000	»
Fonds de commerce estimé	100 000	»
TOTAL ÉGAL	280 000	»

Ligne 7. — F. Leroy apporte en espèces . . . 80 000 »
en titres de rente et obligations, au cours du jour . . . 120 000 »

TOTAL ÉGAL . . . 200 000 »

Ligne 8. — Ed. Leroy apporte en espèces . . . 150 000 »

Ligne 9. — Le même jour, un versement est fait au Crédit Lyonnais d'une somme de 230 000 francs.

Ligne 10. — Le 5, a lieu, par l'entremise du Crédit Lyonnais, une vente d'une partie des titres apportés : 3000 francs de rente 3 %, produisant 97 500 francs.

Lignes 11, 12. — Puis l'achat d'un immeuble à tel endroit, dont le prix, 300 000 francs, est soldé au vendeur Martin par un chèque sur le Crédit Lyonnais.

Lignes 13, 14. — Le même jour, un prêt de 25 000 francs est consenti à R. Leroy jeune, qui reçoit aussi un chèque sur le Crédit Lyonnais.

Aucune autre écriture privée ne se présente jusqu'à la date de l'Inventaire, qui a lieu un an après.

A cette date, il s'agit de régulariser les comptes particuliers.

Lignes 15, 16. — Il est dû au représentant A. Bardoux :

1 % sur le total net des ventes de l'année depuis son entrée dans la Maison, fr. 512 000.	5 120	»
Ses appointements de l'année.	4 800	»
Ensemble a son crédit.	9 920	»

(Les prélèvements qu'il a faits pendant l'année arrivent à solder cette somme, mais ils auraient pu être moindres ou plus élevés. — Comme ils lui ont été payés par la Caisse courante, écriture en a été passée chaque fois au Journal et au Grand-Livre ordinaires. Son compte au Grand-Livre ordinaire est donc débiteur de 9 920 francs. On le solde par virement à son compte du Grand-Livre privé, sans écriture au Journal, puisqu'il s'agit du même Compte.)

Même façon de procéder et même observation pour les comptes des trois Associés, qui sont crédités respectivement des sommes qui leur sont dues :

Lignes 17, 18. — J. Durand : Traitement 6 000 fr. + intérêt 14 000 fr

Lignes 19, 20. — F. Leroy : Traitement 6 000 fr. + intérêt 10 000 fr.

Ligne 21. — Ed. Leroy : intérêt 7 500 fr.

Ligne 22. — R. Leroy jeune, emprunteur, est débité de 1 250 francs pour un an d'intérêt.

Ligne 23. — Enfin, on encaisse l'un des deux effets apportés par J. Durand, qui vient à échéance : 7 500 fr.

Les additions du Journal privé sont alors arrêtées, pour en porter les totaux sur la Balance d'Inventaire.

Elles donnent comme résultats par différences entre débits et crédits :

Aux comptes particuliers, un solde créditeur de 24 670 francs composé de :

A. Bardoux, créditeur de			9 920 »
J. Durand, créditeur de			20 000 »
F. Leroy, créditeur de			16 000 »
Ed. Leroy, créditeur de			7 500 »
R. Leroy jeune, débiteur de		26 250 »	
Crédit Lyonnais, débiteur de		2 500 »	
Le solde en Caisse est de		14 500 »	
Il reste en Portefeuille un effet à recevoir		7 500 »	
Marchandises générales		78 000 »	
Matériel	70 000 »	380 000 »	
Mobilier	4 000 »		
Agencement	6 000 »		
Immeuble, prix d'achat	300 000 »		
Titres restant en caisse		22 500 »	
Fonds de commerce, estimé		100 000 »	
Solde des frais généraux et intérêts		52 470 »	
Capital			630 000 »
Balance		683 420 »	683 420 »

Les Comptes particuliers du **Grand-Livre privé** (Modèle n° 7), sur lesquels on a reporté individuellement toutes les sommes inscrites dans la première colonne du Journal privé, sont alors arrêtés.

Les trois associés et le représentant, qui se trouvent être créditeurs et débiteurs de mêmes sommes, comme nous l'avons fait remarquer, ont leurs comptes soldés.

R. Leroy jeune et le Crédit Lyonnais restent débiteurs : le premier de 26 250 francs, le second de 2 500 francs.

BALANCE D'INVENTAIRE (Modèle n° 8).

Le tableau de la **Balance d'Inventaire** est divisé en autant de colonnes, représentant les mêmes comptes, qu'il y en a au Journal; et ces colonnes sont placées dans le même ordre en commençant par la gauche.

En plus et à droite, se trouvent reproduites celles des colonnes du Journal privé qui représentent des comptes autres que les précédents : *Titres*, *Fonds de Commerce*, *Capital*.

Il y a de plus une colonne *Créanciers divers sans compte* dont nous avons expliqué l'utilité, et qui ne sert que pour l'Inventaire.

Sur la première ligne : **Soldes à l'Inventaire précédent**, on doit porter toutes les sommes formant l'Actif et le Passif au Bilan précédent. Ces soldes, qui établissaient la Situation commerciale de la Maison au dernier inventaire, **ne figurent sur aucun autre Livre,** à part les effets à recevoir et les espèces, dont le montant est indiqué sur le Journal pour les besoins du contrôle. Cette Situation est donc **complètement à l'abri des indiscrétions,** de même que toutes les autres qui suivront d'année en année.

Comme, dans le cas présent, il n'y a pas eu de Soldes précédents, puisque nous débutons, au 1er juillet 1893, par la constitution du capital de la Société J. Durand, F. Leroy et Cie, cette première ligne reste en blanc.

Sur les douze lignes suivantes, on a transcrit, aussitôt connus, les chiffres des **12 Balances mensuelles**, pris sur le deuxième registre.

Ce travail n'est qu'une copie.

Nous ne reproduisons que les chiffres des deux mois donnés comme exemples, ceux des dix mois suivants étant supposés transcrits également.

Enfin, au-dessous de ces douze lignes, nous portons les **Totaux du Journal privé.**

Le tableau présente alors la position de tous les Comptes avant que les écritures de la Liquidation ne viennent en modifier quelques-uns. Cette position ressort des *Totaux généraux* des débits et des crédits abaissés en regard des mots : **Balance générale de Vérification.**

Cette Balance est reproduite au bas du tableau dans le sens vertical, et démontre, par une égalité parfaite entre les Débits et les Crédits, que tous les comptes sont exacts.

Il reste alors à passer, **sur le Tableau même,** les écritures de la Liquidation. Et les voici expliquées ci-dessous.

S'il y avait eu des **Créanciers divers anciens** (c'est-à-dire à l'Inventaire précédent), nous les solderions en passant l'écriture opposée à celle qui leur avait donné crédit. (Voici généralement, dans la forme ordinaire, cette écriture opposée : *Créanciers divers anciens à Marchandises générales et à Frais généraux, — ou à Immeubles, à Agencement, à Matériel, s'il y avait eu lieu.*)

Puisqu'il n'y en avait pas, la ligne reste en blanc.

Aux **Créanciers divers nouveaux,** dont l'état nominatif vient d'être fait comme nous le prescrivons plus haut, il est dû :

Pour Marchandises.	Fr.	11 210 »	16 335 »
Pour Frais généraux		5 125 »	

Nous passons, toujours sans formule, l'écriture suivante : *Marchandises générales et Frais généraux à Créanciers divers nouveaux,* simplement en portant à chacun de ces trois comptes les sommes qui leur sont afférentes.

Il n'y avait pas de **Débiteurs douteux anciens.** — S'il y en avait eu, nous les solderions par l'écriture : *Valeurs immobilisées à Pertes et Profits.*

L'État nominatif des **Débiteurs douteux nouveaux** (qui ne doit comprendre que les sommes sur la rentrée desquelles on a un doute) nous donne un total de 5 500 francs qu'il s'agit de distraire de l'Actif dans lequel ils sont compris. Ce qui donne lieu à l'écriture suivante :

Pertes et Profits à *Valeurs immobilisées*, 5 500 francs.

Le **Matériel ancien**, apporté par J. Durand et estimé . Fr.		70 000 »
a subi une dépréciation que nous évaluons pour un an à 10 % soit.	7 000 »	7 000 »
VALEUR ACTUELLE DU MATÉRIEL ANCIEN.		63 000 »

Nous voyons sur le livre *Subdivisions* qu'il a été dépensé pour l'entretien ou la réparation du Matériel,		843 »
dépensé pour achat de **Matériel nouveau**.	19 666 »	
encaissé pour vente de d° d°	1 940 »	
Pas de dépréciation pour le Matériel nouveau qui est neuf, et dont la valeur reste à	17 726 »	
TOTAL DE LA DÉPRÉCIATION ET DE L'ENTRETIEN.		7 843 »

que nous passons : *Pertes et Profits* à *Valeurs immobilisées*.

Le **Mobilier** apporté par notre sieur J. Durand a été estimé à.	4 000 »
L'Agencement — — —	6 000 »

Nous évaluons à 15 % leur dépréciation, soit :	
Pour le Mobilier	600 »
ce qui ramène sa valeur actuelle à 3 400 fr.	
Pour l'Agencement	900 »
ce qui ramène sa valeur actuelle à 5 100 fr.	
Le livre *Subdivisions* nous apprend qu'il a été dépensé pour entretien ou réparation du Mobilier et de l'Agencement 142 » + 280 » = ...	422 »
Pertes et Profits à *Valeurs immobilisées*	1 922 »

Semblable écriture pour l'entretien et les réparations de l'**Immeuble**, qui montent à 2 840 francs d'après le livre *Subdivisions*.

Les **Titres** qui nous restent en caisse valaient, d'après le compte : 120 000 » — 97 500 ». . . . . 22 500 »

Au cours de la Bourse de ce jour ils valent . . . . 23 430 »

BÉNÉFICE. . . . . 930 »

que nous passons : *Titres* à *Pertes et Profits.*

Le crédit du compte **Marchandises générales** donne un total de. . . . . 689 077 »

L'Inventaire des Marchandises qui vient d'être fait donne un total de 108 023 50

Le débit de ce même compte à la Balance générale de vérification, y compris les 78 000 fr. de marchandises existant précédemment, monte au total de. . . . . 614 328 »

Il est dû de plus aux Créanciers divers nouveaux. . . . . 11 210 »

	625 538 »	797 100 50
DIFFÉRENCE.	171 562 50	

que nous passons : *Marchandises générales* à *Pertes et Profits.*

Bénéfices bruts.

Il s'agit maintenant d'obtenir le chiffre des **Bénéfices nets** ou des **Pertes nettes,** chose très facile, puisque c'est la différence entre le total du Débit et le total du Crédit des comptes *Frais généraux* et *Pertes et Profits* réunis dans la même colonne. Ces totaux sont :

Pertes : 121 752 fr. — *Profits :* 174 923 fr. 40. — *Bénéfices nets :* 53 171 fr. 40.

D'après l'acte de Société, les Bénéfices nets doivent être répartis comme suit :

25 % portés comme réserve au compte Capital, soit	13 292 85
30 % attribués à n/ S^r/ J. Durand	15 951 45
30 % attribués à n/ S^r/ F. Leroy	15 951 40
15 % attribués à n/ S^r/ Ed. Leroy	7 975 70
TOTAL ÉGAL.	53 171 40

L'écriture en est passée conforme. Ces quatre derniers comptes sont crédités, et le compte Pertes et Profits se trouve soldé.

Il ne reste plus qu'à reporter au Grand-Livre privé les sommes revenant, pour répartition des bénéfices, à J. Durand, F. Leroy et Ed. Leroy.

Les totaux de la **Balance d'Inventaire** sont forcément justes, puisque les **Soldes** des Comptes, résultant de cette Balance par différences entre Débits et Crédits, et transcrits dans le cadre placé au bas du feuillet, donnent des totaux égaux entre eux.

BILAN (Modèle n° 9).

Le Bilan n'est que la reproduction des Soldes de la Balance d'Inventaire, par Actif et Passif.

Ces soldes sont pris tels quels lorsqu'ils ne s'appliquent, chacun dans leur entier, qu'à une seule sorte de compte, soit débiteur soit créditeur. Citons, dans le cas présent, les comptes Caisse, Effets à recevoir, Marchandises générales, Titres, Fonds de commerce, Créanciers divers sans compte, Capital. Les Comptes courants Divers et Clientèle ont, au contraire des Débiteurs et des Créditeurs qu'on ne peut pas compenser les uns par les autres; les comptes de Valeurs immobilisées sont de genres différents; il faudra les séparer.

A l'Actif, figurent sur notre Tableau :

Les *Débiteurs divers*, suivant état pris sur le Grand-Livre	72 589 10	
Les *Débiteurs* au Grand-Livre privé (René Leroy jeune et Crédit Lyonnais)	28 750 »	
Au Passif, sur la même ligne :		
Les *Effets à payer* et les *Créditeurs divers*, suivant état détaillé pris sur le Grand-Livre . .		137 191 60
Les *Créditeurs* au Grand-Livre privé (les trois associés).		39 878 55
	101 339 10	177 070 15
SOLDE PASSIF, ÉGAL A CELUI DE LA BALANCE D'INVENTAIRE	75 731 05	

A l'Actif :

Les *Clients débiteurs*, suivant état pris sur le Grand-Livre.		81 187 90

Au Passif, sur la même ligne :

Les *Clients créditeurs*, suivant état pris sur le Grand-Livre.		1 262 »
SOLDE ACTIF, ÉGAL A CELUI DE LA BALANCE D'INVENTAIRE.		79 925 90

A l'Actif :

Les espèces dans la Caisse courante. . . .	1 078 10	15 578 10
Les espèces dans la Caisse privée.	14 500 »	
Les Effets en Portefeuille courant.	16 895 40	24 395 40
Les Effets en Portefeuille privé	7 500 »	
Les Marchandises inventoriées		108 023 50

Les Valeurs immobilisées, se composant de :

Immeuble.	300 000 »	389 506 »
Matériel ancien.	63 000 »	
Matériel nouveau.	17 726 »	
Mobilier.	3 400 »	
Agencement.	5 100 »	
Dépôt de garantie à la Cie du Gaz. .	280 »	

Au Passif, sur la même ligne :

Les *Débiteurs douteux*.		5 500 »
SOLDE ACTIF, ÉGAL A CELUI DE LA BALANCE D'INVENTAIRE		384 006 »

A l'Actif :

Les Titres en caisse.		23 430 »
Le Fonds de commerce		100 000 »

Au Passif :

Les Créanciers divers sans compte		16 335 »
Le Capital.		643 292 85

Le Bilan doit être certifié sincère et véritable par les Gérants.

L'exercice suivant (1894-95) commencera avec les Soldes à nouveau donnés par le Bilan, qu'on transportera de suite sur la Balance d'inventaire prochaine.

Chaque Compte courant non soldé, tant sur le Grand-Livre ordinaire que sur le Grand-Livre privé, repartira aussi avec son Solde à nouveau.

La Situation que nous venons de présenter est celle d'une Société en commandite simple; et nous croyons avoir démontré qu'en faisant usage de nos registres, cette Maison a bénéficié de tous les avantages que nous avions énumérés.

Les mêmes registres s'adapteraient très bien également chez un Chef de maison seul, négociant ou industriel, ou dans une Société en nom collectif, ou une Société en commandite par Actions, ou une Société anonyme.

Les seules modifications qu'on peut y apporter selon les circonstances sont les suivantes :

1° *La suppression d'une des deux colonnes* Grand-Livre *pour les Maisons n'ayant qu'une quantité restreinte de Comptes courants.* (Nous avons d'avance les trois registres établis dans ce sens.)

2° *Sur notre deuxième registre, les subdivisions voulues pour les comptes suivants :* Marchandises générales, Frais généraux et Pertes et Profits, Comptes de Valeurs immobilisées. *Ces subdivisions seront établies conformément aux demandes qui nous seront faites.*

3° *Pour les Sociétés en commandite par Actions et les Sociétés anonymes, une colonne supplémentaire* Actions *sur le Journal privé, la Balance d'inventaire et le Bilan. Le compte* Actionnaires *trouve sa place dans la colonne Grand-Livre privé. Le compte* Divivendes à répartir *a sa place indiquée sur la Balance d'inventaire, à la Répartition. La colonne* Frais généraux, Pertes et Profits *porte en plus :* Intérêts et dividendes. *Si un coupon d'acompte est payé dans le cours d'un exercice, l'écriture en est passée sur le Journal privé. (Le registre* Comptabilité privée et Inventaires *sera, dans ce cas, d'un format un peu plus grand, et aura l'épaisseur voulue.)*

RAPPROCHEMENT

ENTRE LES LIVRES DE L'ANCIENNE MÉTHODE ET CEUX DE LA NOUVELLE

L'ensemble de notre Système, qui comprend dix Tableaux dont nous donnons les modèles, pourrait faire croire que nous employons plus de registres sous une autre forme, tout au moins autant, que dans la Méthode classique.

Ce serait une erreur.

Non seulement la besogne est simplifiée et réduite de plus de moitié, mais encore le nombre de livres principaux ou auxiliaires est diminué.

Nous allons le démontrer par le rapprochement ci-dessous, qui sera en même temps un résumé des points distinctifs des deux systèmes.

ANCIENNE MÉTHODE	NOUVELLE MÉTHODE
Brouillard. Indispensable pour inscrire sinon toutes les opérations, du moins celles qui ne trouvent pas place sur les livres auxiliaires.	Livre complètement inutile, toutes les opérations étant passées, soit sur le Journal, soit sur les livres de Caisse, de Ventes ou d'Achats, à l'instant même où elles se présentent.
Enregistrement des Effets à recevoir. L'inscription de tous les Effets à recevoir se fait sur ce livre, opération	Livre également inutile, l'enregistrement des effets se faisant sur le Journal

généralement longue sur la multiplicité des colonnes qu'il comporte, et qui ne dispense pas de répéter le détail des effets sur le Journal et sur le Grand-Livre. La rencontre des effets oblige à un rappel des sommes, et souvent à un pointage très long s'il y a une différence dans le Portefeuille, ce qui arrive fréquemment.

même qui leur donne, par son folio et le numéro de sa ligne, leur numéro d'inscription. La rencontre se fait en même temps que la sortie et très rapidement; le contrôle des effets en portefeuille avec le Journal peut être fait à tout instant; aucune erreur de chiffres n'est possible avec la Balance du Journal.

Livre d'inscription des Effets à payer.

Mêmes observations que ci-dessus pour les Effets à recevoir.

Les Effets à payer figurent :

1° Sur ce livre;

2° Sur le Carnet d'échéances;

3° Passés au Journal;

4° Au Grand-Livre, Comptes généraux;

5° Au compte du bénéficiaire de l'effet.

Trop de répétitions.

Ce livre n'existe pas non plus.

L'inscription des Effets à payer sur le Carnet d'échéances suffit.

L'écriture est passée au Journal au moment de la remise de l'effet; elle est reportée ensuite une seule fois au Grand-Livre.

Journal.

Exige le libellé complet de toutes les opérations, écrit dans son entier, avec le nom de chaque compte qui joue, et dans une formule souvent peu claire.

Toutes les écritures se composent d'un Débit et d'un Crédit; elles devront donc être reportées deux fois au Grand-Livre : Comptes généraux et Comptes individuels.

Les totaux du Journal indiquent seulement qu'il y a égalité entre les Débits et les Crédits, si toutefois on prend la peine d'additionner les deux colonnes

Journal.

Le détail seul de l'opération suffit, et la formule ordinaire est inutile, puisque le nom du Compte général est écrit en tête de la colonne où se place chaque somme.

Les reports aux Comptes individuels sont seuls nécessaires. Il n'y a pas de reports d'écritures pour les Comptes généraux.

La Balance du Journal donne un contrôle absolu pour chaque Compte général. S'il se produisait une écriture faussement passée, une somme portée dans

de chiffres, mais ils ne donnent de contrôle à aucun Compte général pris isolément; de sorte qu'une écriture faussement passée peut subsister sans qu'on la découvre.

une colonne pour une autre, ou bien une erreur de chiffres, elle serait forcément et instantanément trouvée.

Grand-Livre. Comptes généraux.

Il est nécessaire que le Grand-Livre soit l'entière répétition du Journal sous une autre forme, car il n'y a de concordance possible entre ces deux livres que si les totaux généraux de l'un sont égaux aux totaux généraux de l'autre.

De là, l'obligation d'ouvrir sur le Grand-Livre tous les comptes, et d'y répéter toutes les sommes figurant au Journal.

La disposition de notre Journal nous dispense d'employer au Grand-Livre pour les Comptes généraux.

Chaque colonne représente un compte général évidemment juste au jour le jour, et qu'il est par conséquent inutile de répéter sur un autre Livre pour le contrôler.

Grand-Livre. Comptes courants.

La vérification des Comptes courants ne peut se faire que comprise dans la Balance de tous les comptes, donnant des totaux égaux à ceux du Journal. D'où la nécessité de relever sur cette Balance toutes les sommes portées aux Comptes courants comme aux Comptes généraux depuis le commencement de l'année, soldées ou non.

Grand-Livre. Comptes courants.

La situation générale des Comptes courants divers et de ceux séparés de la Clientèle est donnée par le Journal dont les totaux ont été reproduits, au fur et à mesure, sur la Balance d'Inventaire.

Pour obtenir la vérification de ces comptes pris isolément, il suffit de relever sur le Grand-Livre les **Soldes débiteurs** ou **créditeurs**, qui, totalisés, donneront toujours entre eux une différence égale à celle indiquée par la Balance d'Inventaire. Ce résultat est certain du premier coup si, en passant les écritures au Grand-Livre, on s'est toujours servi de la **feuille volante de contrôle des reports**.

Balance de vérification.

Travail fort long, qui nécessite souvent un pointage de toutes les écritures reportées au Grand-Livre, pour arriver juste avec les totaux du Journal ininterrompus pendant le cours entier d'un exercice. Ce résultat est presque impossible à obtenir dans les Maisons où il y a une très grande quantité de comptes. Même si on y arrive, on ne peut pas affirmer d'une façon certaine qu'une ou plusieurs sommes n'ont pas été passées par erreur à un compte au lieu d'un autre. Ce fait ne changerait pas les totaux des Débits et des Crédits. Le contrôle n'est donc pas absolu et ne peut pas l'être par cette Balance.

Balances mensuelles.

La Balance mensuelle est formée de tous les totaux du Journal pendant le mois. On n'a pas à reporter ces totaux, de l'un sur l'autre, sur le Journal ; ils sont réunis sur un tableau spécial.

Elle donne le mouvement de chaque Compte général pendant un mois. Transcrite sur la Balance d'Inventaire, elle donne la situation de tous les Comptes généraux, forcément exacte.

Avec le Relevé des soldes des Comptes courants, elle constitue un contrôle complet, absolu de toutes les les écritures ; et ce travail est infiniment moins long que la Balance de vérification dans l'ancienne méthode.

Ce Livre n'existe pas.

C'est là une lacune regrettable, car les renseignements donnés par le Grand-Livre sont tout à fait insuffisants. Toutes les sommes portées sur le Grand-Livre aux comptes Marchandises générales et Frais généraux sont mélangées le plus souvent sans aucune désignation d'objet, dans un chaos complet dont on ne peut tirer aucune indication, de sorte qu'il est impossible de se rendre compte de quoi que ce soit. A quoi bon se servir de comptes qui ne disent rien par eux-mêmes?

Beaucoup de Commerçants, comprenant la nécessité d'avoir un registre

Subdivisions du Compte Marchandises générales ;

Subdivisions des Frais généraux, Pertes et Profits ;

Subdivisions des Comptes de Valeurs immobilisées.

Ces trois tableaux composent un Livre indispensable.

A l'exception du dernier qui comprend plusieurs comptes différents réunis sous la même rubrique, il n'y aurait qu'à s'en passer si l'on voulait se contenter simplement des renseignements donnés par l'ancienne méthode.

Or, nous estimons qu'aucun Chef de maison ayant le souci de ses intérêts ne peut se dispenser de connaître en détail la composition des Comptes ci-dessus. Le livre *Subdivisions des Comptes généraux* s'impose donc à tous les Commerçants sans exception.

En outre du rôle qu'il remplit, i

spécial pour le détail des Marchandises générales et des Frais généraux, le font faire exprès ; ou bien, ils divisent ces deux comptes en sous-comptes sur le Journal et le Grand-Livre, ce qui complique leur Comptabilité.

L'ancienne Méthode ne permet pas d'avoir de Comptabilité privée. Toutes les écritures sont passées sur un Journal unique et répétées sur un Grand-Livre ; et ces deux livres sont généralement, l'un ou l'autre, souvent l'un et l'autre, à portée de la vue du personnel de la Maison et même des clients et des fournisseurs.

Dans ces conditions, il est évident que rien ne peut être caché : ni la situation, ni les résultats, ni les comptes des patrons, des commanditaires, des prêteurs, des emprunteurs, des intéressés. Point n'est besoin d'insister pour faire comprendre les inconvénients très grands qui résultent d'un tel état de choses.

Balance d'Inventaire.

Avant de procéder à cette Balance, il est indispensable de faire d'abord la Balance générale de vérification pour s'assurer que le Grand-Livre s'accorde bien avec le Journal. Nous savons ce qu'est ce travail. S'assurer aussi que les Espèces en caisse, les Effets en portefeuille, les Effets à payer en circulation, sont bien d'accord avec les écritures. Passer une série d'écritures pour régu-

donne la certitude que les sommes qui y sont groupées ont bien été passées au Journal dans la colonne voulue, puisque chacune de ces sommes porte avec elle son origine et ne pourrait être classée, par conséquent, que dans la catégorie à laquelle elle appartient.

Journal et Grand-Livre privés.

Ces deux Livres ne constituent pas un surcroît de travail dans le service de la Comptabilité, puisque les écritures qu'ils comportent seraient, dans l'ancienne méthode, passées également, mais sur le Journal et le Grand-Livre ordinaires.

La nécessité d'avoir une Comptabilité privée s'impose à tous les Chefs de maison, qu'ils soient seuls ou en société ; et ce but ne peut être réellement atteint qu'en faisant usage d'un registre spécial, en dehors des autres livres.

Balance d'Inventaire.

Ce tableau, préparé par anticipation, indique clairement ce qu'il y a à faire pour clore un exercice.

L'inventaire précédent, le résumé mensuel des écritures du Journal, les totaux du Journal privé, tout y est porté par des chiffres contrôlés d'avance et donnant la position certaine de tous les comptes avant de passer à la liquidation.

lariser tous les comptes, solder ceux qui doivent l'être, effectuer les amortissements, arrêter les Comptes généraux, etc.

Cet ensemble d'opérations préliminaires du Bilan est rarement accompli d'après une règle bien déterminée, de sorte qu'il se produit des hésitations dans la marche à suivre, des omissions ou des erreurs faussant certains comptes et qu'on ne peut réparer à temps parce qu'on ne s'en aperçoit que quand le bilan est arrêté.

Dans tous les cas, le manque de régularité dans ce travail fait que, le plus souvent, l'inventaire n'est terminé que plusieurs mois après la date à laquelle il est arrêté, et que rarement il arrive qu'il soit bien exact dans ses chiffres donnant la Situation et les Résultats.

Autre inconvénient : ces résultats et cette situation ne peuvent pas être tenus cachés : ils sont écrits tout au long sur le Journal et sur le Grand-Livre, à la vue du personnel de la Maison ou même de personnes étrangères qui peuvent en prendre connaissance.

La liquidation se fera sans tâtonnement parce que toutes les opérations qui la composent sont spécifiées et mises dans l'ordre qu'elles doivent avoir. Rien n'empêche donc d'en terminer aussitôt que le montant des marchandises inventoriées est connu, c'est-à-dire que, dix ou quinze jours au plus tard après la date de l'Inventaire, tous les comptes doivent être arrêtés et le Bilan fait.

Quant à l'exactitude de l'Inventaire, elle est certaine si on a procédé comme nous en avons fait la recommandation. Chaque opération ayant été passée par le compte qui la concerne, le Résultat trouvé sera bien réel, de même que la Situation.

Les Patrons pourront eux-mêmes remplir ce tableau de la Balance d'inventaire en très peu de temps et sans grand effort intellectuel, n'eussent-ils même que de simples notions en Comptabilité. Ils seront ainsi seuls à connaître leur situation et les résultats d'une année d'affaires. La répartition des bénéfices ou des pertes sera faite séance tenante, de même que le Bilan.

Les écritures de la Comptabilité privée et des Inventaires ne figurent pas ailleurs que sur notre troisième registre qu'on garde dans la Caisse; elles sont donc complètement à l'abri des indiscrétions.

Bilan.

Le livre des Bilans ou des Inventaires est généralement le seul qui soit tenu sous clef. Or, comme ce n'est que la répétition de ce qui est écrit sur le Journal et sur le Grand-Livre des comp-

Bilan.

Ce Tableau fait suite à la Balance d'Inventaire; les Patrons sont également seuls à le connaître.

Il est établi, comme tous les bilans, par Actif et Passif; mais il diffère du

tes généraux, cette précaution est bien inutile : c'est le secret de polichinelle.

Si les Comptes courants ont été réunis dans un ou plusieurs comptes collectifs au Journal et au Grand-Livre, leurs soldes généraux, tels qu'ils résultent de la Balance d'Inventaire, sont compensés, alors qu'il est nécessaire de les faire figurer sur le Bilan pour les sommes qu'ils représentent à l'Actif ou au Passif. Tels sont les clients, les fournisseurs, les banquiers, etc., qui sont débiteurs ou créditeurs.

Les créances douteuses ou litigieuses sont comprises aussi dans le total de l'Actif, à moins que les comptes de ces débiteurs douteux n'aient été soldés; moyens aussi défectueux l'un que l'autre.

livre ordinairement employé en ce que chaque objet concourant à la formation du Bilan est désigné d'avance et prend la place qu'il doit occuper. Il n'y a plus qu'à compléter ce tableau en y mettant les chiffres.

Sa disposition ne permet pas de compensation entre les Débiteurs et les Créditeurs.

Les Débiteurs douteux sont à part, distraits de l'Actif tant que les sommes qu'ils représentent ne sont pas rentrées; mais leurs comptes ne sont pas soldés pour cela, ils restent ouverts jusqu'à ce qu'une solution intervienne.

JOURNAL

ANCIENNE MÉTHODE

JOURNAL (Ancienne Méthode)

	1er Juillet 1893		
JOURNAL PRIVÉ. *Mod. n° 6.* Lignes 1, 2, 3.	Les suivants *à* **Capital.**		630 000 »
	Suivant acte de Société en date de ce jour.		
	J. Durand.	280 000 »	
	F. Leroy.	200 000 »	
	Edd Leroy.	150 000 »	
	1er d°		
Lignes 4, 5, 6.	Les suivants *à* **J. Durand.**		280 000 »
	Caisse. Son apport espèces.	7 000 »	
	Effets à recevoir. d° 2 eff. ensemble.	15 000 »	
	Marchandises générales. d° suivant invre.	78 000 »	
	Matériel. d° d°	70 000 »	
	Mobilier. d° d°	4 000 »	
	Agencement. d° d°	6 000 »	
	Fonds de commerce. d° estimé.	100 000 »	
	1er d°		
Ligne 7.	Les suivants *à* **F. Leroy.**		200 000 »
	Caisse. Son apport espèces.	80 000 »	
	Titres. d° Tit. de rte et obligons.	120 000 »	
	1er d°		
Ligne 8.	**Caisse** *à* **Ed. Leroy.**		150 000 »
	Son apport espèces.	150 000 »	
	1er d°		
Ligne 9.	**Crédit Lyonnais** *à* **Caisse.**		230 000 »
	N/ versement espèces.	230 000 »	
	5 d°		
Ligne 10.	**Crédit Lyonnais** *à* **Titres.**		97 500 »
	Vente de 3 000 fr., rente 3 %.	97 500 »	
	A reporter. . . .		

	Report. . . .		
	5 Juillet 1893		
JOURNAL PRIVÉ. *Mod. n° 6.* Lignes 11, 12.	**Immeubles** *à* **Crédit Lyonnais.**		300 000 »
	Achat de terrains et bâtiments situés à ... N/ ch/ n° 1001 o/ Martin, p^r prix de cet achat.	300 000 »	
	5 d°		
Lignes 13, 14.	**R. Leroy jeune** *à* **Crédit Lyonnais.**		25 000 »
	N/ R/ à Leroy j^{ne} un chèque n° 1002 à s/ o/. Pour notre prêt pour 5 ans à 5 %.	25 000 »	
	6 d°		
JOURNAL *Mod. n° 1.* Folio 1. — Ligne 1.	**Cautionnement à la Compagnie du Gaz** *à* **Caisse.**		280 »
	N/ dépôt espèces pour garantie de 40 becs.	280 »	
	6 d°		
— Lignes 2, 3.	**Frais généraux** *à* **Caisse.**		1 322 »
	Frais d'actes et honoraires payés à M. Germain.	672 »	
	Frais de bureau. F^{re} E. Acker, imprimeur-papetier.	650 »	
	6 d°		
— Ligne 4.	**Matériel** *à* **Caisse.**		2 200 »
	Payé la facture L. Renard et Cie, constr.-mécan.	2 200 »	
	6 d°		
— Lignes 5, 6.	**Caisse** *à* **Marchandises générales** (1).		5 924 »
	Reçu p^r vente au comp^t à Thorel j^{ne}, de Lille.	2 310 »	
	d° à Martin et Cie, de Rouen.	3 614 »	
	6 d°		
— Lignes 7, 8, 9 et 10.	**Les suivants** *à* **Marchandises générales.**		4 458 25
	Mercier j^{ne} et Langlois, à Reims. N/ facture.	519 50	
	Papillon et Cie, à Brest. N/ facture.	2 189 »	
	Laurent fils, à Versailles. N/ facture.	809 75	
	Louis Dubois aîné, à Paris. N/ facture.	940 »	
	7 d°		
— Ligne 11.	**B. Vincent, voyageur,** *à* **Caisse.**		500 »
	N/ envoi espèces à Bordeaux.	500 »	
	A reporter. . . .		

(1) Il s'agit ici de deux livraisons de marchandises faisant partie du stock de 78 000 fr. apporté par n/ s^r J. Durand, et payées comptant par les preneurs, Thorel j^{ne} et Martin et Cie, qui, probablement, ne feront pas d'autres affaires avec nous; c'est pourquoi nous ne leur ouvrons pas de compte.

Dans les conditions ordinaires, il est préférable de passer par le compte courant du client une vente de cette importance, pour en garder la trace, quoiqu'elle soit réglée immédiatement.

Références		Partiel	Total
	Report. . . .		
	7 Juillet 1893		
JOURNAL *Mod. n° 1.* Folio 1. — Lignes 12, 13.	**Marchandises générales** *aux* suivants :		4 992 »
	à **Simon et Vasseur,** à Lyon.		
	Leur facture 1er courant, V' 31 oct.	3 570 »	
	à **Dastier et Cie,** à Roubaix.		
	Leur facture 1er courant, V' 31 oct.	1 422 »	
	7 do		
— Lignes 14. 15.	**Marchandises générales** *à* **Caisse.**		701 »
	Payé la Fre Ch. Leboucher. N/ achat au compt.	289 »	
	do Bastard et Cie. do	412 »	
	7 do		
— Ligne 16.	**Marchandises générales.**		818 »
	Facture L. Petit à Beauvais du 1er courant.		
	à **Effets à payer.**		
	N/ acceptne au 31 Juillet, n° 501, pr solde de cet achat.	818 »	
	8 do		
— Lignes 17. 18.	**Frais généraux** *à* **Caisse.**		500 »
	Espèces acompte aux contributions.	300 »	
	do abonnement au téléphone.	200 »	
	8 do		
— Ligne 19.	**Marchandises générales** *à* **Caisse.**		72 10
	Facture Leroux. Achat au compt.	72 10	
	8 do		
— Ligne 20.	**Caisse** *à* **Crédit Lyonnais.**		2 000 »
	S/ R. espèces contre n/ chèque n° 254.	2 000 »	
	8 do		
— Lignes 21, 22, 23.	**Caisse** *à* **Marchandises générales.**		522 50
	Reçu pr vente au compt à A. Denys.	385 »	
	do F. Corbon.	91 »	
	do L. Dupuis et fils.	46 50	
	8 do		
— Lignes 24. 25, 26.	Les suivants *à* **Marchandises générales.**		5 192 »
	S. Cartier et Wallaert, à Bruxelles.		
	N. facture.	2 600 »	
	A. Boucher, à Nîmes.		
	N/ facture.	1 820 »	
	Mercier jne et Langlois, à Reims.		
	N/ facture.	772 »	
	A reporter. . . .		

		Report. . . .		
	10 Juillet 1893			
JOURNAL *Mod. n° 1.* Folio 1. — Ligne 27.	Les suivants *à* **Laurent fils**, de Versailles.			809 75
	Caisse.			
	Sa remise, 1 bon de poste encaissé.		20 »	
	Effets à recevoir.			
	Sa R/ 1 effet s/ Chabot, Paris, 31 août.		647 »	
	Frais généraux.			
	Sa R/ timbres-poste.		2 35	
	Marchandises générales.			
	Celles qu'il a rendues.	120 »		
	Esc^te 3 % sur 689 75.	20 40	140 40	
	15 d°			
— Ligne 28.	Les suivants *à* **Papillon et Cie**, de Brest.			2 189 »
	Caisse.			
	Sa R/ 1 chèq. s/ le Crédit Lyonnais, encaissé.		2 079 55	
	Marchandises générales.			
	Escompte 5 %.		109 45	
	15 d°			
— Ligne 29.	**Marchandises générales** *à* **Caisse.**			2 660 »
	Main-d'œuv. payée aux ouvriers. Détail à la f^lle de paye.		2 660 »	
	15 d°			
— Ligne 30.	**Marchandises générales** *aux* suivants :			652 60
	à **Effets à recevoir.**			
	N/ R/ à Louis Jacquin, à Orléans, pour solde de sa facture du 6 courant, 1 effet s/ Chabot, Paris, 31 août.		647 »	
	à **Frais généraux.**			
	N/ R/ à L. Jacquin, timbres-poste.		5 60	
	16 d°			
Folio 2. — Lignes 1 à 5.	Les suivants *à* **Marchandises générales.**			15 628 70
	Morand et Jacquet, à Reims.			
	N/ facture.		3 206 10	
	Schmidt et Cie, à Marseille.			
	N/ facture.		1 102 »	
	Adrien Souriaux, à Cambrai.			
	N/ facture.		1 193 60	
	L. Lepont et fils, à Valenciennes.			
	N/ facture.		774 »	
	A. Doussot, Lefebvre et Cie, à Dunkerque.			
	N/ facture.		9 353 »	
		A reporter. . . .		

	Report. . . .		
	18 Juillet 1893		
JOURNAL *Mod. nº 1.* Folio 2. — Ligne 6.	**Marchandises générales** *aux* suivants :		3 885 »
	à **Barault-Gallet et fils**, de Paris.		
	Leur facture net, Vr 31 oct.	3 885 »	
	18 dº		
— Ligne 7.	**Matériel** *aux* suivants :		7 200 »
	à **S. Leduc et Cie**, constructeurs à Paris.		
	Leur mémoire, Vr 31 oct.	7 200 »	
	20 dº		
— Lignes 8, 9, 10.	Les suivants *à* **Mercier jne et Langlois.**		1 291 50
	Caisse.		
	L/ R/ 1 mandat poste encaissé.	46 50	
	Effets à recevoir.		
	L/ R/ 1 eff. s/ Weill et Leblanc, Paris, 31 août. 700 » » 1 » s/ Patrault et Cie, Bordx, 30 sept. 529 80	1 229 80	
	Marchandises générales.		
	Rabais s/ n/ fact. pr franco de port.	15 20	
	25 dº		
— Ligne 11.	**Matériel** *à* **Caisse.**		843 »
	Payé le mémoire L. Renard et Cie, pour réparation aux machines.	843 »	
	25 dº		
— Ligne 12.	**A. Duval, voyageur,** *à* **Caisse.**		500 »
	N/ envoi espèces à Dijon.	500 »	
	25 dº		
— Ligne 13.	**S. Leduc et Cie** *à* **Matériel.**		1 940 »
	Reprise par eux d'un moteur qu'ils avaient fourni.	1 940 »	
	25 dº		
— Lignes 14, 15, 16.	Les suivants *à* **Caisse.**		422 »
	Mobilier.		
	Payé le mémoire Clément, tapissier. Réparons.	142 »	
	Agencement.		
	dº Laurent, menuisier. dº 189 » dº Adam, peintre. 91 »	280 »	
	30 dº		
— Ligne 17.	**S. Leduc et Cie, constructeurs,** *à* **Effets à payer.**		5 260 »
	N/ acceptn au 31 oct., nº 502, pr solde.	5 260 »	
	A reporter. . . .		

Renvoi	Libellé		
	Report. . . .		
	30 Juillet 1893		
JOURNAL *Mod. n° 1.* Folio 2.—Lignes 18 à 24.	**Effets à recevoir** *aux* suivants :		17 821 05
	à **Louis Dubois aîné**, Paris. N/ traite au 15 août prochain.	940 »	
	à **A. Boucher**, à Nîmes. N/ traite au 15 août pr.	1 820 »	
	à **Morand et Jacquet**, à Reims. N/ traite au 31 août pr.	3 206 10	
	à **Schmidt et Cie**, à Marseille. N/ traite au 31 août pr.	1 002 »	
	à **Adrien Souriaux**, à Cambrai. N/ traite au 31 août pr.	1 193 60	
	à **L. Lepont et fils**, à Valenciennes. N/ traite au 31 août pr.	774 »	
	à **A. Doussot, Lefebvre et Cie**, à Dunkerque. N/ traite au 31 août pr.	8 885 35	
	30 d°		
— Lignes 21, 24.	**Marchandises générales** *aux* suivants :		567 65
	à **Schmidt et Cie**, à Marseille. Rabais s/ n/ fact. 16 courant.	100 »	
	à **A. Doussot, Lefebvre et Cie**, à Dunkerque. Remise 5 °/₀ s/ fr. 9 353.	467 65	
	30 d°		
— Ligne 25.	**Crédit Lyonnais** *à* **Effets à recevoir.**		17 821 05
	N/ Remise 1 eff. Paris, 15 août. 940 »		
	» 1 » Nîmes, 15 août. 1 820 »		
	» 1 » Reims, 31 août. 3 206 10		
	» 1 » Marseille, 31 août. 1 002 »		
	» 1 » Cambrai, » 1 193 60		
	» 1 » Valenciennes, 31 août. 774 »		
	» 1 » Dunkerque, » 8 885 35	17 821 05	
	30 d°		
— Ligne 26.	**Marchandises générales** *à* **Crédit Lyonnais.**		89 40
	Agio s/ n/ Remise 7 effets ce jour.	89 40	
	30 d°		
— Ligne 27.	**Barault-Gallet et fils** *aux* suivants :		3 885 »
	à **Crédit Lyonnais.** Notre chèque n° 255.	3 807 30	
	à **Marchandises générales.** 2 °/₀ avance de paiement.	77 70	
	A reporter. . . .		

	Report. . . .		
	30 Juillet 1893		
JOURNAL *Mod. n° 1.* Folio 2. — Lignes 28, 29.	**Caisse** *à* **Marchandises générales.**		2 697 »
	Esp. reçues p^r v^te compt à L. Dupuis et fils, Paris. 1 925 »		
	d° d° à Armand Choquet, Paris. 772 »	2 697 »	
	30 d°		
— Ligne 30.	**Caisse** *à* **Crédit Lyonnais.**		10 000 »
	Encaissé n/ chèque n° 236.	10 000 »	
	31 d°		
Folio 3. — Ligne 1.	**Effets à payer** *à* **Caisse.**		818 »
	Acquitté le n° 501.	818 »	
	31 d°		
— Lignes 2, 3.	**Marchandises générales** *à* **Caisse.**		624 »
	Payé le relevé de factures Nory et fils. 432 »		
	d° V. Soulié. 192 »	624 »	
	31 d°		
— Ligne 4.	**Marchandises générales** *à* **Crédit Lyonnais.**		2 662 »
	N/ chèque n° 257 o/ Soret aîné, pour acquitter son relevé de factures.	2 662 »	
	31 d°		
Lignes 5 à 9.	Les suivants *à* **Caisse.**		3 835 »
	N/ Sr F. Leroy.		
	Payé la facture Lemaire, p^r 1 pièce de vin. 235 »		
	S/ prélèvement espèces en c^te. 1 000 »	1 235 »	
	N/ Sr J. Durand.		
	S/ prélèvement espèces en compte.	1 300 »	
	Ed^d Leroy.		
	N/ R/ espèces en compte.	600 »	
	Bardoux.		
	N/ R/ espèces en compte.	300 »	
	31 d°		
	Les suivants *à* **Caisse.**		10 805 20
	Frais généraux.		
— Ligne 10.	Payé les app^ts des employés suiv. f^lle d'émarg^t. 2 800 »		
— Ligne 12.	Menues dépenses du mois. Timbres divers. 55 »		
— Ligne 11.	» Pourboires. 4 60		
— Ligne 15.	» Voitures. 32 »		
— Ligne 19.	» Nourr. des chevaux. 265 »	3 156 60	
	A reporter. . . .		

	Report. . . .		
	31 juillet 1893		
JOURNAL *Mod. n° 1.*	Les suivants *à* **Caisse** (*Suite*).		
	Marchandises générales.		
Folio 3. — Ligne 11.	Main-d'œuvre payée aux ouvriers. (Détail à la feuille de paye). 2 335 50		
— Ligne 13.	Menues dépenses du mois. Ports et douane. 133 10		
— Ligne 16.	d° Petits achats. . 271 »		
— Ligne 17.	Payé la facture Pierret, emballeur. . . . 189 »	2 928 60	
	Matériel.		
— Ligne 18.	Payé p^r achat de 2 chevaux à Sauroy fils.	1 800 »	
	Immeubles.		
— Ligne 20.	Payé à Adam, peintre, s/ mémoire. . . . 572 »		
— Ligne 21.	» à Sornin, maçon, d° . . . . 1 810 »		
— Ligne 22.	» à Laurent, menuisier, d° . . . . 368 »		
— Ligne 23.	» à Morel, architecte, ses honoraires. 90 »	2 840 »	
	Pertes et Profits.		
— Ligne 24.	Espèces manquant à l'encaisse de ce jour.	80 »	
	31 d°		
— Ligne 25.	Les suivants *à* **S. Cartier et Wallaert.**		2 600 »
	Caisse.		
	L/ R/ p^r solde 1 chèque encaissé.	2 548 »	
	Marchandises générales.		
	Escompte 2 %.	52 »	
	31 d°		
— Lignes 26, 27.	**Caisse** *à* **Marchandises générales.**		1 222 »
	Encaissé p^r v^te au c^t à Thomassin fils. . . 472 »		
	d° d° à A. Deliot aîné. . . 750 »	1 222 »	
	31 d°		
— Ligne 28.	**Caisse** *à* **Frais généraux.**		300 »
	Encaissé p^r 1 terme de loyer d'un local à Hervé.	300 »	
	31 d°		
— Lignes 29, 30.	**Frais généraux** *aux* suivants :		2 218 »
	à **D. Vincent**, voyageur.		
	S/ c^te à ce jour. Appoin^ts, commissions et frais de voyages.	1278 »	
	à **A. Duval**, voyageur.		
	S/ c^te à ce jour et frais de voyage.	940 »	
	Total du mois de Juillet 1893.		

	Report. . . .		
	2 Août 1893		
JOURNAL *Mod. n° 1.* Folio 4. — Lignes 1, 2.	Les suivants *à* **Marchandises générales.**		5 905 »
	Clients Province.		
	Ventes à terme ce jour, suivant détail au Journal des ventes A, f° 50.	4 140 »	
	Clients Paris.		
	d° d°	1 765 »	
	2 d°		
— Lignes 3, 4.	**Marchandises générales** *aux* suivants :		405 »
	à **Clients Province.**		
	Pour marchandises rendues, suivant détail au Journal des ventes **A.** f° 50.	230 »	
	à **Clients Paris.**		
	Pour rectification d'une erreur de prix sur facture 16 juillet, Journal des ventes A. f° 50.	175 »	
	2 d°		
— Ligne 5.	**Frais généraux** *à* **Effets à payer.**		1 750 »
	N/ billet n° 503 à fin courant, o/ Émile Acker, pour régler sa facture, circulaires et catalogues.	1 750 »	
	2 d°		
— Lignes 6, 7.	**Frais généraux** *à* **Caisse.**		700 »
	Affranch[t] de 10 000 circul[res] expéd. par poste. 200 » d° de 5 000 catalogues 500 »	700 »	
	3 d°		
— Lignes 8, 9.	**Marchandises générales** *à* **Caisse.**		657 »
	Combustible pour la production. Payé p[r] achat de 20 000 k[os] de charbon livrés par la Cie de Charleroi. 380 » Pour frais de douane, transport et déchargem[t] de ce combustible. 277 »	657 »	
	3 d°		
— Lignes 10, 11.	Les suivants *à* **Marchandises générales.**		9 757 »
	Clients Province.		
	Ventes à terme ce jour, suivant détail au Journal des ventes B, f° 125.	7 661 »	
	Clients Paris.		
	d° d°	2096 »	
	A reporter. . . .		

	Report. . . .		
	3 Août 1893		
JOURNAL *Mod. n° 1.* Folio 4. — Ligne 12.	**Caisse** *à* **Marchandises générales.**		1 809 25
	Ventes au comptt ce jour, suivant détail au Journal des ventes B, f° 125.	1 809 25	
	3 d°		
— Ligne 13.	**Caisse** *aux* suivants :		500 »
	à **Bazin et Lenoir**, de Roubaix.		
	Leur verst espèces en compte.	500 »	
	5 d°		
— Ligne 14.	Les suivants *à* **A. Seyer et fils**, de Paris.		778 »
	Caisse.		
	Leur remise espèces.	34 »	
	Effets à recevoir.		
	L/ R/ 1 effet s/ Allard, St-Denis, 15 août.	705 »	
	Marchandises générales.		
	Escompte 5 % déduit.	39 »	
	5 d°		
— Ligne 15.	Les suivants *à* **Victor Salomon**, à Orléans.		86 85
	Caisse.		
	Sa R/ 1 mandat poste encaissé.	86 »	
	Marchandises générales.		
	Rabais de centimes.	» 85	
	5 d°		
— Ligne 16.	Les suivants *à* **E. Chabot et Cie**, de Lille.		741 »
	Caisse.		
	L/ R/ 1 chèq. s/ le Crédit Lyonnais, encaissé.	718 »	
	Marchandises générales.		
	Escompte 3 % déduit.	23 »	
	5 d°		
— Ligne 17.	**Frais généraux** *à* **Caisse.**		370 »
	Prime d'assurance payée à la Cie La Nationale.	370 »	
	5 d°		
— Lignes 18, 19.	**Marchandises générales** *à* **Caisse.**		581 »
	Payé la facture Duertre. Achat au ct. 141 » d° Delouis fres. d° 450 »	581 »	
	5 d°		
— Ligne 20.	**Frais généraux** *à* **Caisse.**		87 10
	Payé la quittance de la Cie du Gaz consomons en Juillet.	87 10	
	A reporter. . . .		

	Report. . . .		
	5 Août 1893		
JOURNAL *Mod. n° 1.* Folio 4. — Ligne 21.	**Caisse** *à* **Marchandises générales.**		648 30
	Encaissé pour ventes au comptant. Détail au Journal des Vtes A, f° 35.	648 30	
	5 d°		
— Ligne 22.	**Caisse** *à* **Pertes et profits.**		80 »
	Espèces rapportées par Sornin qui les avait reçues en trop.	80 »	
	8 d°		
— Lignes 23 à 27.	Les suivants *à* **P. Dumas et Mayeux**, d'Amiens.		928 70
	Effets à recevoir.		
	L/ R/ 1 effet s/ Guénard, Marseille, vue. 147 20 — 1 » Allain et Cie, Lyon, d° 365 » — 1 » C. Bourdon, Nîmes, 15 août. 200 » — 1 » A. Lence et Cie, Paris, 20 » 125 »	837 20	
	Frais généraux.		
	L/ R/ timbres-poste.	7 50	
	Marchandises générales.		
	Celles qu'ils ont rendues.	84 »	
	8 d°		
Ligne 28.	**Marchandises générales** *aux* suivants :		4 350 »
	à **P. Lemarchand et Cie**, de Roubaix.		
	Leur fact. 2 court net. Vt 31 octobre.	4 350 »	
	8 d°		
— Lignes 29, 30.	**Marchandises générales** *aux* suivants.		353 »
	à **Effets à recevoir.**		
	N/ R/ à L. Rouy pr solde de s. fre 2 ct : 1 effet Marseille, vue, 147 20 — 1 » Nîmes, 15 août. 200 »	347 20	
	à **Frais généraux.**		
	N/ R/ timbres-poste à L. Rouy.	5 80	
	10 d°		
	Effets à recevoir *aux* suivants :		5 835 »
Folio 5. — Ligne 1.	*à* **Louis Legrand et Cie**, Orléans.		
	N/ traite au 31 août.	1 176 »	
— Ligne 2.	*à* **Sylvain aîné et Lucas**, Troyes.		
	N/ traite au 31 août.	637 »	
	A reporter. . . .		

JOURNAL
Mod. n° 1.

Renvois	Libellés			
	Report. . .			
	10 Août 1893			
	Effets à recevoir *aux* suivants (*Suite*).			
	à **Lévy frères et Robert,** Dijon.			
Folio 5. — Ligne 3.	N/ traite au 15 sept.		508 »	
	à **Stéphane Cormier et Cie,** Sedan.			
— Ligne 4.	N/ traite au 15 sept.		1 355 »	
	à **Renard et Montbriais,** St-Étienne.			
— Ligne 5.	N/ traite au 15 sept.		2 159 »	
	10 d°			
	Marchandises générales *aux* suivants :			217 »
	à **Louis Legrand et Cie,** Orléans.			
— Ligne 1.	Escompte 2 %.		24 »	
	à **Sylvain aîné et Lucas,** Troyes.			
— Ligne 2.	Escompte 2 %.		13 »	
	à **Lévy frères et Robert,** Dijon.			
— Ligne 3.	Rabais s/ n/ facture du...		50 »	
	à **Renard et Montbriais,** St-Étienne.			
— Ligne 5.	Leur retour de march^ses^.		130 »	
	10 d°			
— Lignes 6, 7, 8.	**Crédit Lyonnais** *à* **Effets à recevoir.**			7 240 »
	N/ R/ 1 effet, Orléans, 31 août.	1 176 »		
	1 » Troyes, »	637 »		
	1 » Dijon, 15 sept.	508 »		
	1 » Sedan, »	1 355 »		
	1 » St-Étienne, 15 sept.	2 159 »		
	1 » Paris, 31 août.	700 »		
	1 » St-Denis, 15 août.	705 »	7 240 »	
	12 d°			
— Lignes 9, 10, 11.	**P. Lemarchand et Cie** *aux* suivants :			4 350 »
	N/ R/ pour solde.			
	à **Effets à recevoir.**			
	1 effet, Lyon, vue.	365 »		
	1 » Paris, 20 août.	125 »	490 »	
	à **Crédit Lyonnais.**			
	N/ chèq. n° 258 o/ P. Lemarchand et Cie.		3 794 75	
	à **Marchandises générales.**			
	1 1/2 % avance de paiement.		65 25	
	A reporter. . . .			

	Report. . . .		
	12 Août 1893		
JOURNAL *Mod. nº 1.* Folio 5. — Ligne 12.	**L. Dubois aîné,** Paris.		940 60
	à **Crédit Lyonnais.**		
	Retour de n/ traite, 15 août, réclamée.	940 60	
	12 dº		
— Ligne 13.	**Effets à recevoir.**		952 »
	à **L. Dubois aîné,** Paris.		
	N/ traite acceptée, 30 sept., en renouvellement.	952 »	
	12 dº		
— Ligne 14.	**L. Dubois aîné** *à* **Pertes et profits.**		11 40
	Intérêts et frais de renouvellement.	11 40	
	12 dº		
— Ligne 15.	**Marchandises générales.**		38 »
	à **Crédit Lyonnais.**		
	Agio s/ n/ bordereau du 10 ct.	38 »	
	13 dº		
— Ligne 16.	**Effets à recevoir.**		2 000 »
	à **Laurent fils,** de Versailles.		
	Sa R/ à l'escte 1 effet s/ Prieur fils, Paris, 30 sept.	2 000 »	
	13 dº		
— Ligne 17.	**Laurent fils,** à Versailles *aux* suivants :		2 000 »
	à **Caisse.**		
	N/ R/ espèces, net d'un effet escompté.	1 979 25	
	à **Pertes et profits.**		
	Agio sur dº	20 75	
	13 dº		
— Lignes 18, 19.	**Crédit Lyonnais** *à* **Effets à recevoir.**		2 952 »
	N/ R/ 1 effet. Paris, 30 sept. 952 » 1 » » 2 000 »	2 952 »	
	13 dº		
— Ligne 20.	**Pertes et profits** *à* **Crédit Lyonnais.**		16 80
	Agio s/ n/ R/ 2 effets.	16 80	
	13 dº		
— Lignes 21, 22.	Les suivants *à* **Marchandises générales.**		11 508 »
	Clients Province.		
	Ventes à terme ce jour, suivant détail au Journal des ventes A, fº 72.	6 442 »	
	Clients Étranger.		
	dº dº	5 066 »	
	A reporter. . . .		

JOURNAL
Mod. n° 1.

	Report. . . .		
	15 **Août** 1893		
Folio 5. — Ligne 23.	Les suivants *à* **Effets à payer.**		3 570 »
	Simon et Vasseur, à Lyon.		
	N/ accept^ces n° 504, au 31 octobre.	3 570 »	
	15 d°		
— Ligne 24.	**Matériel** *aux* suivants :		8 466 »
	à **S. Leduc et Cie, constructeurs.**		
	Leur mémoire, net V^r 30 nov.	8 466 »	
	15 d°		
— Ligne 25.	**Marchandises générales** *à* **Caisse.**		154 »
	Payé la f^re Louis Leroux. Achat au c^t.	154 »	
	15 d°		
— Ligne 26.	**Frais généraux** *à* **Caisse.**		80 »
	Renseignements commerciaux. Payé pour un carnet de bulletins.	80 »	
	15 d°		
— Ligne 27.	**Marchandises générales** *à* **Caisse.**		2 812 »
	Main-d'œuvre payée aux ouvriers. Détail à la feuille de paye.	2 812 »	
	15 d°		
— Ligne 28.	**Caisse** *à* **Marchandises générales.**		1 221 »
	Ventes au comptant ce jour. Détail au Journal des ventes A, f° 78.	1 221 »	
	15 d°		
— Ligne 29.	**Marchandises générales** *aux* suivants :		60 »
	à **Louis Legrand et Cie, Orléans.**		
	Rabais s/ marchandise détériorée pour défaut d'emballage.	60 »	
	15 d°		
— Ligne 30.	**Louis Legrand et Cie** *à* **Caisse.**		60 »
	N/ envoi mandat poste pour solde.	60 »	
	16 d°		
Folio 6. — Lignes 1. 2.	**Marchandises chez Laroche** *aux* suivants :		6 538 »
	à **Marchandises générales.**		
	N/ expédition à Alb. Laroche à Rouen. March^ses en consignation.	6 400 »	
	à **Caisse.**		
	Payé emballage et transport p^r d°	138 »	
	A reporter. . . .		

	Report. . . .		
	18 Août 1893		
JOURNAL *Mod. n° 1.*	**Marchandises chez Duprez et Cie.**		8 217 25
Folio 6. — Ligne 3.	*à* **R. Duprez et Cie**, commissionnaires à Paris. Leur compte d'achat d'après n/ ordre.	8 217 25	
	18 d°		
— Lignes 4. 5.	**Louis Dalbin et fils**, Le Havre *aux* suivants :		6 912 »
	à **Crédit Lyonnais.** N/ chèque n° 259 o/ Savard aîné, pour solde de sa livraison de marchandises achetées pour le compte de Louis Dalbin et fils.	6 400 »	
	à **Commission.** Courtage et Com^on^ s/ l'achat ci-dessus.	512 »	
	18 d°		
— Lignes 6. 7.	Les suivants *à* **Marchandises générales.**		7 462 80
	Clients Paris. Ventes à terme ce jour, suivant détail au Journal des Ventes B. f° 102.	3 352 80	
	Clients Province. d° d°	4 110 »	
	18 d°		
— Ligne 8.	**Caisse** *à* **Marchandises générales.** Encaissé pour ventes au comptant. Détail au Journal des Ventes B. f° 102.	1 679 20	1 679 20
	18 d°		
— Ligne 9.	**Marchandises générales** *aux* suivants :		5 560 »
	à **Barault-Gallet et fils**, Paris. Leur facture, net V^t^ 30 nov.	5 560 »	
	18 d°		
— Ligne 10.	**Barault-Gallet et fils** *à* **Caisse.** Payé pour frais de transport et magasinage de leur expédition.	127 50	127 50
	20 d°		
— Lignes 11, 12. 13	Les suivants *à* **André Sorel, de Vierzon.** Sa Remise pour solde.		488 70
	Effets à recevoir. 1 effet s/ Vignon, Bernay, 20 août. 72 » ; 1 » J. Lhomme, Lorient, 15 sept. 400 »	472 »	
	Frais généraux. S/ R/ timbres-poste.	7 »	
	Marchandises générales. Escompte 2 °/₀ déduit.	9 70	
	A reporter. . . .		

	Report. . . .		
	21 Août 1893		
JOURNAL *Mod. nº 1.* Folio 8. — Ligne 14.	**P. Dumas et Mayeux** *à* **Caisse.**		208 25
	N/ R/ 1 effet. Nîmes, 15 août, protesté, remboursé à L. Rouy.	208 25	
	23 dº		
— Ligne 15.	**Les suivants** *à* **Effets à recevoir.**		72 »
	Caisse.		
	Reçu pour recouvrement par la poste d'un effet s/ Bernay, 20 août.	71 10	
	Marchandises générales.		
	Frais de recouvrement de cet effet.	0 90	
	23 dº		
— Ligne 16.	**Caisse** *aux* suivants :		208 25
	à **P. Dumas et Mayeux.**		
	L/ R/ pour solde 1 chèque encaissé.	208 25	
	30 dº		
— Ligne 17.	**Albert Laroche,** à Rouen.		7 320 »
	à **Marchandises chez Laroche.**		
	S/ compte de vente net de marchandises en consignation.	7 320 »	
	30 dº		
— Ligne 18.	**Crédit Lyonnais.**		7 320 »
	à **Albert Laroche,** à Rouen.		
	Son verst pr n/ ce.	7 320 »	
	30 dº		
— Ligne 19.	**Caisse** *aux* suivants :		6 912 »
	à **Louis Dalbin et fils,** Le Havre.		
	L/ remise pour solde de n/ cte d'achat, 1 chèque encaissé.	6 912 »	
	30 dº		
— Ligne 20.	**R. Duprez et Cie,** commissionnaires à Paris.		8 780 »
	à **Marchandises chez Duprez et Cie.**		
	Leur c[te] de vente d'après n/ ordre, net.	8 780 »	
	31 dº		
— Ligne 21.	**Caisse** *aux* suivants :		562 75
	à **R. Duprez et Cie.**		
	Leur remise pour solde, 1 chèque encaissé.	562 75	
	A reporter. . . .		

JOURNAL Mod. n° 1.			
	Report. . . .		
	31 Août 1893		
Folio 6. — Ligne 22.	**Frais généraux.**		388 »
	à **H. Petit**, placier.		
	S/ c^te^ d'appoint^ts^ et commissions arrêté ce jour.	388 »	
	31 d°		
— Ligne 23.	**H. Petit**, placier *à* **Caisse.**		400 »
	N/ R/ espèces en compte.	400 »	
	31 d°		
— Ligne 24.	**Effets à payer** *à* **Caisse.**		1 750 »
	Acquitté l'effet n° 503.	1 750 »	
	31 d°		
— Ligne 25.	**Louis Dubois aîné**, Paris.		952 »
	à **Crédit Lyonnais.**		
	Retour de n/ traite 30 sept. réclamée.	952 »	
	31 d°		
— Ligne 26.	**Marchandises générales.**		700 »
	à **Louis Dubois aîné.**		
	Reprise de marchandises, suivant arrangem^t^ amiable.	700 »	
	31 d°		
— Ligne 27.	**Pertes et profits** *à* **Louis Dubois aîné.**		252 »
	Abandon du complément de n/ créance pour cause d'insolvabilité.	252 »	
	31 d°		
— Ligne 28.	**Barault-Gallet et fils** *aux* suivants :		5 432 50
	N/ R/ pour solde.		
	à **Crédit Lyonnais.**		
	N/ chèq. n° 260, o/ Barault-Gallet et fils.	5 323 85	
	à **Marchandises générales.**		
	2 % avance de paiement.	108 65	
	31 d°		
— Ligne 29.	**Frais généraux** *à* **Caisse.**		2 600 »
	Payé les appointements des employés. Détail à la feuille d'émargement.	2 600 »	
	31 d°		
— Ligne 30.	Les suivants *à* **Caisse.**		224 »
	Marchandises générales.		
	Petits achats du mois.	146 »	
	Frais généraux.		
	Menues dépenses du mois.	78 »	
	Total du mois d'août 1893.		
	Total du mois précédent.		
	Total général.		

	30 Juin 1894		
JOURNAL PRIVÉ *Mod. n° 6.* Lignes 15, 16	**Frais généraux.**		9 920 »
	à **A. Bardoux, représentant.**		
	Pour ses appointements de l'année. 4 800 » Allocation 1 % s/ 512 000 fr., montant net des ventes depuis son entrée. 5 120 »	9 920 »	
	30 d°		
Lignes 17, 18.	Les suivants *à* **n/ s^r J. Durand.**		20 000 »
	Frais généraux.		
	Son traitement pour un an.	6 000 »	
	Intérêts.		
	5 % intérêt d'un an s/ son apport.	14 000 »	
	30 d°		
Lignes 19, 20.	Les suivants *à* **n/ s^r F. Leroy.**		16 000 »
	Frais généraux.		
	Son traitement pour un an.	6 000 »	
	Intérêts.		
	5 % intérêt d'un an s/ son apport.	10 000 »	
	30 d°		
Ligne 21.	**Intérêts.**		7 500 »
	à **Ed^d Leroy.**		
	5 % intérêt d'un an s/ son apport.	7 500 »	
	30 d°		
Ligne 22.	**R. Leroy jeune.**		1 250 »
	à **Intérêts.**		
	5 % intérêt d'un an s/ n/ prêt.	1 250 »	
	30 d°		
Ligne 23.	**Caisse.**		7 500 »
	à **Effets à recevoir.**		
	Encaissé 1 effet s/ Laurent. Paris. 30 Juin.	7 500 »	
	Total. . . .		

	30 Juin 1894		
BALANCE D'INVENTAIRE *Mod. n° 8.* Ligne 2.	Les suivants *à* **Créanciers divers.**		16 335 »
	Marchandises générales.		
	Sommes afférentes à ce compte, restant dues à divers, suivant état.	11 210 »	
	Frais généraux.		
	Sommes afférentes à ce compte restant dues à divers suivant état.	5 125 »	
	30 d°		
Ligne 4.	**Pertes et profits.**		5 500 »
	à **Débiteurs douteux.**		
	Pour distraire de l'actif les sommes dues par ces derniers, suivant état.	5 500 »	
	30 d°		
Ligne 5.	Les suivants *à* **Matériel.**		7 843 »
	Pertes et profits.		
	Dépréciation 10 % pour un an s/ 70 000 francs.	7 000 »	
	Frais généraux.		
	Dépenses faites pendant l'année pour entretien ou réparation du matériel.	843 »	
	30 d°		
Ligne 6.	Les suivants *à* **Agencement.**		1 180 »
	Pertes et profits.		
	Dépréciation 15 % pour un an s/ 6 000 francs.	900 »	
	Frais généraux.		
	Dépenses faites pendant l'année pour entretien de l'agencement.	280 »	
	30 d°		
Ligne 6.	Les suivants *à* **Mobilier.**		742 »
	Pertes et profits.		
	Dépréciation 15 % pour un an s/ 4 000 francs.	600 »	
	Frais généraux.		
	Dépenses faites pendant l'année pour réparation du mobilier.	142 »	
	A reporter. . . .		

	30 Juin 1894		
BALANCE D'INVENTAIRE *Mod. n° 8.* Ligne 7.	**Frais généraux.**		2 840 »
	à **Immeubles.**		
	Dépenses faites pendant l'année pour entretien et réparation des bâtiments.	2 840 »	
	30 d°		
Ligne 8.	**Titres** *à* **Pertes et profits.**		930 »
	Plus-value existant sur la valeur des titres en caisse, d'après le cours authentique de ce jour.	930 »	
	30 d°		
Ligne 9.	**Marchandises générales.**		171 562 50
	à **Pertes et profits.**		
	Bénéfices bruts réalisés pendant l'année.	171 562 50	
	30 d°		
Lignes 11 à 15.	**Pertes et profits** *aux* suivants :		53 171 40
	Pour solde de ce compte.		
	à **Capital.**		
	25 °/₀ portés à la réserve, suivant conventions.	13 292 85	
	à n/ s^r **J. Durand.**		
	Répartition 30 °/₀ s/ les bénéfices nets.	15 951 45	
	à n/ s^r **F. Leroy.**		
	Répartition 30 °/₀ s/ les bénéfices nets.	15 951 40	
	à **Ed^d Leroy.**		
	Répartition 15 °/₀ s/ les bénéfices nets.	7 975 70	
	Total général. . . .		

Premier Registre

JOURNAL (Modèle n° 1)

(Tableau-modèle n° 1.)

Folio 1 R

JOURNAL du mois de Juillet 1893

Folio 1

(1)	(2)		(3)		(4)	(5)
DATES	GRAND-LIVRE				FOLIOS DU GRAND-LIVRE	LIBELLÉ DES OPÉRATIONS
	Cptes courants divers Effets à payer		Comptes courants Clientèle			
	Débit	Crédit	Débit	Crédit		
						Reports
1						[illegible] pour [illegible]
						[illegible] à M. Gérardin
						[illegible] Émile Arker, [illegible]
						d° [illegible] et Cie, [illegible]
						[illegible]
						d° d° A. Martin et Cie, de Rouen d°
			[illegible]		530	**Mercier jeune et Langlois**, à Reims. Vente à terme. d°
			[illegible]		502	**Papillon et Cie**, Brest. d° d°
			[illegible]		503	**Laurent fils**, Versailles. d° d°
			[illegible]		[illegible]	**Louis Dubois aîné**, Paris. d° d°
7	[illegible]				102	**D. Vincent**, voyageur. — [illegible] Bordeaux
		[illegible]			[illegible]	**Simon et Vasseur**, Lyon. [illegible]
		[illegible]			321	**Bastier et Cie**, Roubaix d° d° d°
						Facture Ch. [illegible] — Achat au comptant
						d° [illegible] d° d°
		[illegible]			36	**Effets à payer.** — N. [illegible]
8						Acompte aux contributions
						Abonnement au Téléphone
						[illegible] — Achat au comptant
		[illegible]			31	**Crédit Lyonnais** — N. [illegible]
						Vente au comptant à A. [illegible]
						d° F. [illegible]
						d° L. [illegible] et fils
			2600		[illegible]	**S. Cartier et Wallaert**, de [illegible] — N. facture
			[illegible]		[illegible]	**A. Boucher**, Nîmes. d°
			[illegible]		530	**Mercier jeune et Langlois**, Reims. d°
10				[illegible]	503	**Laurent fils**, Versailles — [illegible] — Effet [illegible], Paris, 31 août.
[illegible]				[illegible]	502	**Papillon et Cie**, Brest. [illegible] — [illegible] sur le Crédit Lyonnais.
						Paye des ouvriers, [illegible]
						[illegible] à Orléans, [illegible] — N. [illegible]
	[illegible]		[illegible]			**Débits** — Total [illegible] — BALANCE
		[illegible]		[illegible]		**Crédits** — Total [illegible]

(6) CAISSE		(7) EFFETS À RECEVOIR				(8) MARCHANDISES GÉNÉRALES			(9) FRAIS GÉNÉRAUX PERTES ET PROFITS			(10) VALEURS IMMOBILISÉES		
Solde au [illegible]		Solde au [illegible]										[illegible]		
Entrées	Sorties	[illegible]	[illegible]	[illegible]	[illegible]	Débit	Nature	Crédit	Débit	Nature	Crédit	Débit	Désignation	Crédit
[illegible]	[illegible]	[illegible]	[illegible]	[illegible]	[illegible]	[illegible]	[illegible]	[illegible]	[illegible]	[illegible]	[illegible]	[illegible]	[illegible]	[illegible]

(Tableau-Modèle n° 1)

Folio 2 R

JOURNAL du mois *de Juillet 1893*

Folio 2

	(1)	(2)		(3)		(4)	(5)
	DATES	GRAND LIVRE — Comptes courants divers, effets à payer		GRAND LIVRE — Comptes courants clients		FOLIOS DU GRAND-LIVRE	LIBELLÉ DES OPÉRATIONS
		Débit	Crédit	Débit	Crédit		
							Report
1	10			3 246 15		672	**Morand et Jacquet**, Reims. — N/ facture............
2				1 102 –		[illegible]	**Schmidt et Cie**, Marseille. d° ....
3				1 193 68		602	**Adrien Souriaux**, Cambrai d° ....
4				775 –		483	**L. Lepont et fils**, Valenciennes. d° ....
5				4 253 –		[illegible]	**A. Doussot, Lefebvre et Cie**, Dunkerque d° ....
6	18		3 985 –			362	**Barault Gallet et fils**, Paris [illegible] ....
7			7 200 –			291	**S. Leduc et Cie**, [illegible], Paris. [illegible] ....
8	20						**Mercier Jne et Langlois.** [illegible] ....
9							[illegible] Paris, [illegible] ....
10					1 251 30	435	[illegible] ....
11	25						Mémoire L. [illegible] et Cie. — Réparations aux machines............
12		700 –				171	**A. Duval**, [illegible] Dijon............
13		1 950 –				291	**S. Leduc et Cie**, Paris. — Reprise d'un moteur............
14							Mémoire Clément, épicier............
15							d° [illegible], menuisier............
16							d° [illegible], peintre............
17	25	5 290 –	5 290 –			291 / 36	**S. Leduc et Cie à Effets à payer.** N/ [illegible], p° solde............
18					910 –	512	**Louis Dubois aîné.** N/ [illegible] Paris [illegible]............
19					1 820 –	515	**A. Boucher** d° Nîmes ....
20					3 246 40	672	**Morand et Jacquet** d° Reims 31 – ....
21					1 062 –	730	**Schmidt et Cie** d° Marseille ....
22					1 193 68	602	**Adrien Souriaux** d° Cambrai ....
23					775 –	483	**L. Lepont et fils** d° Valenciennes ....
24					4 253	749	**A. Doussot, Lefebvre et Cie.** d° Dunkerque ....
25		17 821 05				41	**Crédit Lyonnais.** N/ Remise [illegible] ci-dessus............
26			89 40			41	d° Agio sur d° ....
27		3 885 –	3 985 30			362 / 41	**Barault-Gallet et fils à Crédit Lyonnais.** — N/ [illegible] de paiement............
28							Vente au comptant à L. [illegible] et Cie, Paris............
29							d° d° à Armand [illegible] d° ....
30			10 050 –			41	**Crédit Lyonnais.** — N/ chèque n° [illegible]............
		25 405 05		17 028 74			**Débits** à reporter. — Total. [illegible] — BALANCE
			30 241 70		19 150 20		**Crédits** à reporter. — Total. [illegible]

	(6) CAISSE (Solde au [illegible])		(7) EFFETS À RECEVOIR (Solde au [illegible])				(8) MARCHANDISES GÉNÉRALES			(9) FRAIS GÉNÉRAUX, PERTES & PROFITS			(10) VALEURS IMMOBILISÉES		
	Entrées	Sorties	Entrées	N°s	Sorties	N°s	Débit	Nature	Crédit	Débit	Nature	Crédit	Débit	Désignation	Crédit
1				1											
2				2											
3				3											
4				4											
5				5					15 425 20						
6				6			1 985 –	[illegible]							
7				7									7 200 –	[illegible]	
8	40 50			8			15 50	[illegible]							
9			750 –	9											
10			127 80	10											
11		841 –		11									841 –	[illegible]	
12		700 –		12											
13				13										[illegible]	1 950 –
14		12 –		14									112 –	[illegible]	
15		150 –		15									150 –	[illegible]	
16		31 –		16									31 –	d°	
17				17											
18			910 –	18											
19			1 820 –	19											
20			3 246 40	20											
21			1 062 –	21			130 –	[illegible]							
22			1 193 68	22											
23			775 –	23											
24			3 987 35	24			36 65	[illegible]							
25				25	17 821 05										
26				26			89 40	[illegible]							
27				27				[illegible]	77 70						
28	1 925 –			28				[illegible]	1 925 –						
29	772 –			29					772 –						
30	10 050 –			30											
Débits	11 743 54		19 030 85				1 737 25						8 405 –		
Crédits		1 766 –			17 821 05				19 101 50						1 950 –

(Tableau-Modèle n° 1)

JOURNAL du mois de Juillet 1893

	(1) DATES	(2) GRAND-LIVRE — Comptes courants divers, Effets à payer — Débit	Crédit	(3) Comptes courants clientèle — Débit	Crédit	(4) Folios du Grand-Livre	(5) LIBELLÉ DES OPÉRATIONS	(6) CAISSE — Solde au [illegible] — Entrées	Sorties	(7) EFFETS À RECEVOIR — Solde au [illegible] — Entrées	N°	Sorties	(8) MARCHANDISES GÉNÉRALES — Débit	Nature	Crédit	(9) FRAIS GÉNÉRAUX, PERTES ET PROFITS — Débit	Nature	Crédit	(10) VALEURS IMMOBILISÉES — Débit	Désignation	Crédit	
		21406 07	33627 70	17629 76	19080 20		Reports	18313 50	1763 .	19030 85		17821 05	6777 25		18603 50				8367 .		1951 .	
1	21	818 .				56	**Effets à payer.** — Acquitté le n° 531		818 .		1											1
2							Relevé de factures Noy & fils. — N/ R/ espèces		192 .		2			achats								2
3							d° N. Sauthé d°		192 .		3		624 .									3
4			2652 .			41	**Crédit Lyonnais** — N/ chèque n° 257 — [illegible] réception factures				4		2652 .									4
5		255 .				28	**F. Leroy.** Facture D. Lemaire, de Bordeaux, [illegible] pièce de vin		255 .		5											5
6		1000 .				28	d° Son prélèvement en compte		1000 .		6											6
7		1520 .				29	**J. Durand.** d°		1520 .		7											7
8		600 .				33	**Ed. Leroy.** Notre [illegible] en compte		600 .		8											8
9		40 .				36	**Bardoux.** d°		40 .		9											9
10							Appointements des employés suivant feuille d'émargement		2000 .		10					2000 .	[illegible]					10
11							Paie des ouvriers, suivant feuille de paie		2325 50		11		2325 50	[illegible]								11
12							Menus [illegible], Timbres [illegible]		33 .		12					33 .	[illegible]					12
13							d° Ports [illegible]		131 10		13		131 10	[illegible]								13
14							d° [illegible]		4 60		14					4 60	[illegible]					14
15							d° Voitures		22 .		15					22 .	[illegible]					15
16							d° Petits achats		271 .		16		271 .	[illegible]								16
17							Facture Pierret, [illegible]		189 .		17		189 .	[illegible]								17
18							Achat de 2 chevaux à Sauron fils		1800 .		18								1800 .	[illegible]		18
19							Nourriture des chevaux		255 .		19					255 .	[illegible]					19
20							Mémoire Aclars, peintre		572 .		20								572 .	[illegible]		20
21							d° Bouvier, entrepreneur de maçonnerie		1810 .		21								1810 .	d°		21
22							d° Laurent, menuisier		368 .		22								368 .	d°		22
23							Honoraires à Morel, architecte		90 .		23								90 .	d°		23
24							Espèces manquant à l'encaisse ce jour		50 .		24					83 .	[illegible]					24
25					2600 .	322	**S. Cartier et Wallaert**, à Bruxelles. [illegible] chèque pour solde	2518 .			25		32 .	[illegible]								25
26							Vente au comptant à Thomassin fils	432 .			26			[illegible]								26
27							d° à A. Delval aîné	750 .			27				1289 .							27
28							Loyer d'un local à Henry	300 .			28						[illegible]	300 .				28
29			1278 .			102	**H. Vincent**, voyageur. — S/ [illegible] Frais de voyages				29					1278 .	[illegible]					29
30			950 .			211	**A. Duval** d°				30					950 .	d°					30
		31589 07		15629 76			**Débits** — TOTAL 114935 57 } **BALANCE.**	18813 50		19030 85			10831 85			5356 60			13102 .			
			35121 70		22980 20		**Crédits** — TOTAL 114935 57 }		17857 .			17821 05			9625 50			300 .			1951 .	

(Tableau-Modèle n° 1.)

Folio **4** R

JOURNAL du mois d'Août 189[illegible]

Folio **4**

	(1)	(2)		(3)		(4)	(5)	(6)		(7)			(8)			(9)			(10)			
	DATES	GRAND-LIVRE — C^tes COURANTS DIVERS EFFETS À PAYER		COMPTES COURANTS CLIENTÈLE		FOLIOS DU GRAND-LIVRE	LIBELLÉ DES OPÉRATIONS	CAISSE		EFFETS À RECEVOIR			MARCHANDISES GÉNÉRALES			FRAIS GÉNÉRAUX PERTES ET PROFITS			VALEURS IMMOBILISÉES			
		Débit	Crédit	Débit	Crédit			Entrées	Sorties	Entrées	N°	Sorties	Débit	Nature	Crédit	Débit	Nature	Crédit	Débit	Désignation	Crédit	
							Report															
1	[illegible]			[illegible]			Ventes à terme ou [illegible] — Journal des ventes A. Province [illegible]				1			[illegible]	[illegible]							1
2				[illegible]		—	d° d° Paris d°				2	—		[illegible]	[illegible]							2
3					[illegible]		Marchandises rendues d° Province d°				3		[illegible]	[illegible]								3
4					[illegible]	—	Rectific[illegible] d° Paris d°				4		[illegible]	[illegible]								4
5			[illegible]			[illegible]	**Effets à payer.** [illegible]				5	—				[illegible]	[illegible]					5
6							[illegible]		[illegible]		6	—				[illegible]						6
7							d° 500 catalogues d°		[illegible]		7	—				[illegible]						7
8	[illegible]						[illegible]		[illegible]		8	—	[illegible]	[illegible]								8
9							Frais de [illegible], transport et [illegible]		[illegible]		9	—	[illegible]	[illegible]								9
10				[illegible]		—	Ventes à terme ce jour. — Journal des ventes B. Province [illegible]				10			[illegible]	[illegible]							10
11				[illegible]			d° d° Paris d°				11			[illegible]	[illegible]							11
12							Ventes au comptant d° d°	[illegible]			12			[illegible]	[illegible]							12
13					[illegible]	[illegible]	**Bazin et Lenoir,** [illegible]. Leur versement en compte	[illegible]			13											13
14	[illegible]				[illegible]	[illegible]	**A. Sayer et fils,** [illegible]	[illegible]		[illegible]	14		[illegible]	[illegible]								14
15					[illegible]	[illegible]	**Victor Salomon,** [illegible] pour solde. [illegible]	[illegible]			15		[illegible]	[illegible]								15
16					[illegible]	[illegible]	**E. Chabot et Cie,** Lille. — [illegible]	[illegible]			16	—	[illegible]	[illegible]								16
17							Cie d'assurance la Nationale. Prime payée		[illegible]		17					[illegible]	[illegible]					17
18							[illegible]. — Achat au comptant		[illegible]		18	—		[illegible]								18
19							d° [illegible] d°		[illegible]		19	—	[illegible]									19
20							[illegible]		[illegible]		20	—				[illegible]	[illegible]					20
21							Ventes au comptant. — Journal des ventes [illegible]	[illegible]			21			[illegible]	[illegible]							21
22							Espèces rapportées par [illegible] qui les avait reçues en trop	[illegible]			22	—					[illegible]	[illegible]				22
23	8						**P. Dumas et Mayeux.** Amiens. — [illegible]				23		[illegible]	[illegible]		[illegible]	[illegible]					23
24							» 1 effet sur [illegible], Marseille, [illegible]			[illegible]	24	—										24
25							» 1 » [illegible], Lyon, [illegible]			[illegible]	25											25
26							» 1 » [illegible], Nîmes, [illegible]			[illegible]	26	—										26
27					[illegible]	[illegible]	» 1 » A. [illegible] et Cie, Paris, 20 [illegible]			[illegible]	27											27
28			[illegible]			[illegible]	**P. Lemarchand et Cie,** [illegible]. [illegible]				28	—	[illegible]	[illegible]								28
29							[illegible] du 2 courant, [illegible] 1 effet				29	[illegible]	[illegible]									29
30							» » 1 [illegible]				30	[illegible]	[illegible]	[illegible]	[illegible]		[illegible]	[illegible]				30
		[illegible]		[illegible]			**Débits** ——— TOTAL. [illegible] — BALANCE	[illegible]		[illegible]			[illegible]			[illegible]			[illegible]			
			[illegible]		[illegible]		**Crédits** ——— TOTAL. [illegible]		[illegible]			[illegible]			[illegible]			[illegible]			[illegible]	

(Tableau-Modèle n° 1.)

JOURNAL du mois d'Août 1893

	DATES	GRAND-LIVRE — Cptes courants divers, Effets à payer — Débit	Crédit	Comptes courants clientèle — Débit	Crédit	Folios du Grand-Livre	LIBELLÉ DES OPÉRATIONS
							Reports
1	10				1 200	[illegible]	**Louis Legrand et Cie.** N/ traite Orléans, [illegible]
2					670	[illegible]	**Sylvain aîné et Lucas** [illegible] Troyes [illegible]
3					[illegible]	[illegible]	**Lévy frères et Robert** [illegible] Dijon, 15 septembre
4					[illegible]	[illegible]	**Stéph. Cormier et Cie** do Sedan [illegible]
5					[illegible]	[illegible]	**Renard et Monthciais** [illegible]
6							**Crédit Lyonnais.** N/ R/ des 5 effets ci-dessus
7							[illegible]
8		7 241 »				[illegible]	[illegible]
9	12	[illegible]				[illegible]	**P. Lemarchand et Cie** N/ R/ [illegible]
10							[illegible]
11			[illegible]			[illegible]	**Crédit Lyonnais.** [illegible]
12			[illegible]	[illegible]		[illegible]	**L. Dubois aîné,** [illegible] — à **Crédit Lyonnais.** — [illegible]
13					[illegible]	[illegible]	do [illegible] renouvellement, 20 septembre.
14				[illegible]		[illegible]	do [illegible] et frais de renouvellement
15			[illegible]			[illegible]	**Crédit Lyonnais.** [illegible]
16	13				[illegible]	[illegible]	**Laurent fils.** [illegible] Paris, 25 sept.
17				2 200 »		[illegible]	do N/ R/ [illegible]
18							**Crédit Lyonnais.** N/ R/ [illegible]
19		[illegible]				[illegible]	[illegible]
20			[illegible]			[illegible]	do [illegible] Remise [illegible]
21				6 112 »			Ventes à terme [illegible] — Journal des ventes A, [illegible]
22				[illegible]			do do Étranger [illegible]
23	15	[illegible]	[illegible]			[illegible]	**Simon et Vesseur,** Lyon — à **Effets à payer.** [illegible]
24			[illegible]			[illegible]	**S. Leduc et Cie,** [illegible]
25							Facture [illegible]
26							Renseignements commerciaux. — [illegible]
27							Paye des ouvriers. [illegible]
28							Ventes au comptant. — Journal des ventes A, [illegible]
29					60 »	[illegible]	**Louis Legrand et Cie.** Orléans. — [illegible]
30				60 »		[illegible]	do N/ [illegible] pour solde
		18 112 »		[illegible]			**Débits** —— Total [illegible] — **BALANCE.**
			[illegible]		[illegible]		**Crédits** —— Total [illegible]

	CAISSE — Entrées	Sorties	EFFETS À RECEVOIR — Entrées	Sorties	MARCHANDISES GÉNÉRALES — Débit	Crédit	FRAIS GÉNÉRAUX, PERTES ET PROFITS — Débit	Crédit	VALEURS IMMOBILISÉES — Débit	Crédit	
1			1150		24						1
2			647		14						
3			308		39						3
4			[illegible]								4
5			2150		130						5
6				5987							6
7				700							7
8				705							8
9				305							9
10				125							10
11					[illegible]						11
12											12
13			[illegible]								13
14							[illegible]	[illegible]			14
15					[illegible]						15
16			[illegible]								16
17		[illegible]					[illegible]	[illegible]			17
18				[illegible]							18
19				[illegible]							19
20							[illegible]				20
21						[illegible]					21
22						[illegible]					22
23											23
24									[illegible]		24
25		254 »			[illegible]						25
26		80 »					[illegible]				26
27		2812 »			2812						27
28	[illegible]					[illegible]					28
29					60						29
30		60 »									30
	[illegible]	[illegible]	[illegible]	[illegible]	[illegible]	[illegible]	[illegible]	[illegible]	[illegible]		

(Tableau-Modèle n° 1-)

JOURNAL du mois d'Août 1893

	Dates	Grand-Livre — Cᵗᵉˢ courants divers Effets à payer — Débit	Crédit	Comptes courants Clientèle — Débit	Crédit	Folios du Grand-Livre	Libellé des opérations
							Reports
1	[illegible]				[illegible]	[illegible]	**Louis Legrand et Cᵉ.** [illegible], Orléans. [illegible]
2					[illegible]	[illegible]	**Sylvain aîné et Lucas** dᵒ Troyes [illegible]
3					[illegible]	[illegible]	**Lévy frères et Robert** dᵒ [illegible] [illegible]
4					[illegible]	[illegible]	**Stéph. Cormier et Cᵉ** dᵒ Sedan [illegible]
5					[illegible]	[illegible]	**Renard et Monthriais** dᵒ [illegible]
6							**Crédit Lyonnais.** [illegible]
7							[illegible]
8		[illegible]				[illegible]	[illegible]
9	[illegible]	[illegible]				[illegible]	**P. Lemarchand et Cᵉ.** [illegible]
10							[illegible]
11			[illegible]			[illegible]	**Crédit Lyonnais.** [illegible] P. Lemarchand et Cⁱᵉ [illegible]
12			[illegible]	[illegible]		[illegible]	**L. Dubois aîné.** [illegible] — **Crédit Lyonnais.** [illegible]
13					[illegible]	[illegible]	dᵒ [illegible] septembre.
14				[illegible]		[illegible]	dᵒ [illegible]
15			[illegible]			[illegible]	**Crédit Lyonnais.** [illegible]
16	[illegible]				[illegible]	[illegible]	**Laurent fils.** [illegible] 30 sept.
17				[illegible]		[illegible]	dᵒ [illegible]
18							**Crédit Lyonnais.** [illegible]
19		[illegible]				[illegible]	[illegible]
20			[illegible]			[illegible]	dᵒ [illegible]
21				[illegible]			Ventes à terme [illegible] A. [illegible]
22				[illegible]			dᵒ [illegible] Étranger dᵒ
23	[illegible]	[illegible]	[illegible]			[illegible]	**Simon et Vasseur.** Lyon — **Effets à payer** [illegible] 31 octobre.
24			[illegible]			[illegible]	**S. Leduc et Cᵉ.** [illegible]
25							[illegible] Louis [illegible]
26							Renseignements [illegible] — [illegible] bulletins
27							[illegible]
28							Ventes au comptant. — [illegible] A, [illegible]
29					[illegible]	[illegible]	**Louis Legrand et Cᵉ.** Orléans. — [illegible]
30				[illegible]		[illegible]	dᵒ [illegible] pour [illegible]
		[illegible]		[illegible]			**Débits** — Total. [illegible] } **BALANCE.**
			[illegible]		[illegible]		**Crédits** — Total. [illegible] }

	Caisse (Solde au [illegible]) — Entrées	Sorties	Effets à recevoir (Solde au [illegible]) — Entrées	[illegible]	N° des effets	[illegible]	Sorties	Marchandises générales — Débit	[illegible]	Crédit	Frais généraux, pertes et profits — Débit	[illegible]	Crédit	Valeurs immobilisées — Débit	[illegible]	Crédit
1			[illegible]		1			[illegible]								
2			[illegible]		2			[illegible]								
3			[illegible]		3			[illegible]								
4			[illegible]		4											
5			[illegible]		5			[illegible]								
6					6	[illegible]	[illegible]									
7					7	[illegible]	[illegible]									
8					8	[illegible]	[illegible]									
9					9	[illegible]	[illegible]									
10					10	[illegible]	[illegible]									
11					11				[illegible]	[illegible]						
12					12											
13			[illegible]		13											
14					14							[illegible]	[illegible]			
15					15			[illegible]								
16			[illegible]		16											
17		[illegible]			17							[illegible]	[illegible]			
18					18	[illegible]	[illegible]									
19					19	[illegible]	[illegible]									
20					20						[illegible]	[illegible]				
21					21				[illegible]	[illegible]						
22					22				[illegible]	[illegible]						
23					23											
24					24									[illegible]	[illegible]	
25		[illegible]			25			[illegible]	[illegible]							
26		80			26						[illegible]	[illegible]				
27		[illegible]			27			[illegible]	[illegible]							
28	[illegible]				28				[illegible]	[illegible]						
29					29			[illegible]	[illegible]							
30		[illegible]			30											
	1 221 [illegible]		9 787 [illegible]					[illegible]			[illegible]			[illegible]		
		[illegible]								10 282 [illegible]			[illegible]			[illegible]

(Tableau-Modèle n° 1)

Folio 6 R — Folio 6

JOURNAL du mois d'Août 1893

	(1)	(2)		(3)		(4)	(5)
	DATES	GRAND-LIVRE				FOLIOS DU GRAND-LIVRE	LIBELLÉ DES OPÉRATIONS
		Cptes COURANTS DIVERS EFFETS A PAYER		COMPTES COURANTS CLIENTÈLE			
		Débit	Crédit	Débit	Crédit		
		18 112	16 826 12	18 730	9 063		*Report*
1	26						[illegible] à Alb. Laroche, à Rouen, mises en consignation . . . .
2							Emballage et transport pour d° . . . .
3	18		8 427 25			212	**R. Duprez et Cie**, [illegible] à Paris. [illegible] . . . . . .
4				6 912		413	**Louis Dalbin et fils**, Le Havre. — N/ achat [illegible] . .
5			[illegible]			31	**Crédit Lyonnais**. — [illegible] . . . .
6				3 312 80			Ventes à terme ce jour. — Journal des ventes à Paris f° 102 . . . .
7				5 110			d° d° Province d° . . . .
8							Ventes au comptant d° d° . . . .
9			5 520			362	**Barault-Gallet et fils**, Paris. — [illegible] . . . .
10		127 50				362	d° Frais de transport et magasinage . . . .
11	20						**André Sorel**, Vienne. — [illegible] Paquets-poste. — Escompte . . . .
12							[illegible] effet s/ Vignon à Lamay, [illegible] . . . .
13					388 50	611	[illegible] effet [illegible] . . .
14	21			208 25		971	**P. Dumas et Mayeux**. — [illegible] à L. Rouvier . .
15	23						[illegible] effet recouvré par la poste . . . .
16					208 25	661	**P. Dumas et Mayeux**. — [illegible] chèque pr solde . . . .
17	30	7 320				316	**Alb. Laroche**, à Rouen. — [illegible] en consignation. — net . . . .
18		7 128	7 320			31 / 316	**Crédit Lyonnais** à **Alb. Laroche**. — [illegible] compte . . . .
19					6 912	[illegible]	**Louis Dalbin et fils**, Le Havre. — [illegible] chèque pr solde de n/ compte d'achat.
20		8 780				212	**R. Duprez et Cie**, [illegible] à Paris. — [illegible] d'après n/ ordre — net. .
21	31		282 77			212	**R. Duprez et Cie**. — [illegible] chèque pr sol . . . .
22			338			97	**H. Petit**, placier. — S/ compte d'appointements et commissions arrêté ce jour. .
23		400				97	d° N/ remise espèces en compte . . . .
24		1 750				[illegible]	**Effets à payer**. — [illegible] . . . .
25			952	952		612 / 31	**Louis Dubois aîné** à **Crédit Lyonnais**. — N/ traite 30 sept. s/ lui réclamée. . .
26					780	612	d° Reprise de marchandises suivant arrangement amiable. . . . .
27					252	612	d° Abandon en complément de [illegible] créance. . . . .
28		5 452 50	3 325 82			362 / 31	**Barault-Gallet et fils** à **Crédit Lyonnais**. — N/ [illegible] pr solde. . . . . . .
29							Appointements des employés. — Détail à la feuille d'émargement. . .
30							Menues dépenses du mois. . . . .
		49 952		30 975 05			**Débits** —— TOTAL. 125 551 60 } BALANCE
			51 130		17 621 05		**Crédits** —— TOTAL. 125 551 60 }

	(6) CAISSE		(7) EFFETS A RECEVOIR			(8) MARCHANDISES GÉNÉRALES			(9) FRAIS GÉNÉRAUX PERTES & PROFITS			(10) VALEURS IMMOBILISÉES			
	Entrées	Sorties	Entrées	Nos	Sorties	Débit	Nature	Crédit	Débit	Nature	Crédit	Débit	Nature	Crédit	
	1 221	5 305 23	5 787		10 082	3 230		12 576 25	90 80		12 15	8 90		[illegible]	
1				1		6 130	[illegible]	6 130							1
2		138		2		138	d°								2
3				3		8 427 25	[illegible]								3
4				4			[illegible]	512							4
5				5											5
6				6			[illegible]	3 312 80							6
7				7			[illegible]	5 110							7
8	1 675 25			8			[illegible]	1 675 25							8
9				9		5 520	[illegible]								9
10		127 50		10											10
11				11		[illegible]	[illegible]		7	[illegible]					11
12			72	12											12
13			390	13											13
14		208 25		14											14
15	71 10			15	[illegible]	[illegible]	[illegible]								15
16	208 25			16											16
17				17			[illegible]	7 825							17
18				18											18
19	6 912			19											19
20				20			[illegible]	8 780							20
21	282 77			21											21
22				22					338	[illegible]					22
23		400		23											23
24		1 750		24											24
25				25											25
26				26		780	[illegible]								26
27				27					252	[illegible]					27
28				28			[illegible]	198 [illegible]							28
29		2 610		29					2 610	[illegible]					29
30		224		30		116	[illegible]		78	[illegible]					30
	10 151 36		5 259			25 152 25			3 321 80			8 556			
		10 [illegible]			10 [illegible]			17 659 [illegible]			12 15			[illegible]	

(Modèle n° 1bis)

JOURNAL du mois d

DATES	GRAND-LIVRE — COMPTES COURANTS, EFFETS À PAYER — Débit	Crédit	FOLIOS DU GRAND-LIVRE	LIBELLÉ DES OPÉRATIONS	CAISSE — SOLDE AU — Entrées	Sorties	EFFETS À RECEVOIR — SOLDE AU — Entrées	Folios de carnet	N° des effets	Folios du carnet d'échéance	Sorties	MARCHANDISES GÉNÉRALES — Débit	Nature	Crédit	FRAIS GÉNÉRAUX PERTES & PROFITS — Débit	Nature	Crédit	VALEURS IMMOBILISÉES — MATÉRIEL, MOBILIER, AGENCEMENT IMMEUBLES, LOYER D'AVANCE, DÉPÔT À LA Cie DU GAZ — Débit	Désignation	Crédit	
				Report																	
1									1												1
2									2												2
3									3												3
4									4												4
5									5												5
6									6												6
7									7												7
8									8												8
9									9												9
10									10												10
11									11												11
12									12												12
13									13												13
14									14												14
15									15												15
16									16												16
17									17												17
18									18												18
19									19												19
20									20												20
21									21												21
22									22												22
23									23												23
24									24												24
25									25												25
26									26												26
27									27												27
28									28												28
29									29												29
30									30												30
				Débits à reporter. — TOTAL. — BALANCE																	
				Crédits à reporter. — TOTAL.																	

Deuxième Registre

BALANCES MENSUELLES

SUBDIVISIONS DES COMPTES GÉNÉRAUX

(Modèles nos 2, 3, 4 et 5)

(*Tableau-Modèle n° 2.*)

BALANCES MENSUELLES

FOLIOS DU JOURNAL		DATES	GRAND-LIVRE — COMPTES COURANTS DIVERS, EFFETS À PAYER — Débit	GRAND-LIVRE — COMPTES COURANTS DIVERS, EFFETS À PAYER — Crédit	GRAND-LIVRE — COMPTES COURANTS CLIENTÈLE — Débit	GRAND-LIVRE — COMPTES COURANTS CLIENTÈLE — Crédit	CAISSE — Débit	CAISSE — Crédit	EFFETS À RECEVOIR — Débit	EFFETS À RECEVOIR — Crédit	MARCHANDISES GÉNÉRALES — Débit	MARCHANDISES GÉNÉRALES — Crédit	FRAIS GÉNÉRAUX, PERTES ET PROFITS — Débit	FRAIS GÉNÉRAUX, PERTES ET PROFITS — Crédit	VALEURS IMMOBILISÉES — Débit	VALEURS IMMOBILISÉES — Crédit
1	du	15 juillet 1893	305 »	7871 »	9670 25	2998 75	10566 05	8245 10	647 »	647 »	10145 55	16696 75	1923 35	5 60	2480 »	» »
3		31 — —	34069 05	35731 75	15608 70	22280 20	16893 50	17837 20	19050 85	17821 05	10823 85	19025 40	5354 60	300 »	13105 »	1940 »
		Totaux	34559 05	42931 70	25278 95	25278 95	27659 55	26082 30	19697 85	18468 05	20969 40	35722 15	7278 95	305 60	15585 »	1940 »
4	du	8 août 1893	» »	6160 »	15662 »	3439 35	3875 55	2395 10	1342 20	367 20	6492 85	18119 55	2913 65	85 80	» »	» »
6		31 — —	49242 »	51490 »	30055 65	17625 15	10654 32	10733 »	9459 »	10734 »	24162 85	45056 90	3421 80	32 15	8466 »	» »
		Totaux	49242 »	57650 »	45717 65	21064 50	14529 87	12928 10	10801 20	11101 20	30655 70	63176 45	6336 40	117 95	8466 »	» »
	du															
		Totaux														

RÉCAPITULATION

DÉBITS	NOMS DES COMPTES	CRÉDITS
34559 05	. . . Grand-Livre. — Divers.	42931 70
25278 95	. . . Grand-Livre. — Clientèle	25278 95
27659 55	. . . Caisse	26082 30
19697 85	. . . Effets à recevoir.	18468 05
20969 40	. . . Marchandises générales	35722 15
7278 95	. . . Frais généraux. - Pertes et profits.	305 60
15585 »	. . . Valeurs immobilisées.	1940 »
150228 75	. . . . BALANCE.	150228 75
49242 »	. . . Grand-Livre. — Divers.	57650 »
45717 65	. . . Grand-Livre. — Clientèle	21064 50
14529 87	. . . Caisse	12928 10
10801 20	. . . Effets à recevoir.	11101 20
30655 70	. . . Marchandises générales	63176 45
6336 40	. . . Frais généraux. - Pertes et profits.	117 95
8466 »	. . . Valeurs immobilisées.	» »
160038 20	. . . . BALANCE.	160038 20
	. . . Grand-Livre. — Divers.	
	. . . Grand-Livre. — Clientèle.	
	. . . Caisse	
	. . . Effets à recevoir	
	. . . Marchandises générales	
	. . . Frais généraux. - Pertes et profits.	
	. . . Valeurs immobilisées	
	. . . . BALANCE.	

(Tableau-Modèle n° 3.)

Subdivisions du Compte MARCHANDISES GÉNÉRALES

DÉBIT

Folios du Journal	Dates	Achats : Divers	Achats : [illegible] (2)	Achats : [illegible]	Marchandises en consignation chez divers	Mains-d'œuvre façons (1)	Mains-d'œuvre façons (1)	Commissions pour les [illegible]	Ports [illegible]	Marchandises [illegible]	Escomptes [illegible]	Agios	Total du Débit
	Report.												
1	15 juillet 1893	7225 70				2101 »				190 »	129 85		20 969 40
3	31 — —	7412 »				2435 85			377 30		619 65	89 40	
	Totaux à continuer.	14637 70				4536 85			377 30	190 »	749 50	89 40	20 969 40
4	8 avril 1893	6281 »						637 »		449 »	62 85		30 945 70
8	31 — —	6562 »	8 217 25		6338 »	2812 »				130 »	156 70	38 90	
	Totaux à continuer.	26521 70	8 217 25		6338 »	7897 50		637 »	377 30	719 »	909 15	128 30	51 915 10
	Totaux à reporter.												

CRÉDIT

Dates	Ventes : Au comptant	Ventes : A terme Paris	Ventes : A terme Province	Ventes : A terme Étranger	Ventes : [illegible]	Ventes : [illegible]	[illegible]	Commissions	Escomptes [illegible]	Total du Crédit
Report.	6456 56	310 »	6410 57	2400 »						
15 juillet 1893	5219 »		15 028 19						77 20	35 722 15
31 — —										
Totaux à continuer.	10 367 50	310 »	21 438 76	2400 »					77 20	35 722 15
8 avril 1893	2437 55	5861 »	11 601 »							
31 — —	2400 20	3352 80	12 652 »	5466 »	5786 »	7326 »	6460 »	512 »	174 40	63 156 45
Totaux à continuer.	15 123 25	8 153 80	44 191 95	7866 »	5786 »	7326 »	6460 »	512 »	251 60	98 899 60
Totaux à reporter.										

(1) Il s'agit ici d'une industrie quelconque; c'est pourquoi nous n'avons pas désigné de mains-d'œuvre ou façons spéciales.

(Tableau-Modèle n° 4.)

Subdivisions des Comptes FRAIS GÉNÉRAUX et PERTES & PROFITS

Folios du Journal	Dates	DÉBIT Loyers	Contributions	Employés Appointements	Placiers Appointements et Commissions	Voyageurs Appointements Frais de voyage Commissions	Publicité	Assurances	Éclairage	Chauffage	Dépenses diverses	Frais de bureau	Divers	Débiteurs insolvables	Agios	Erreurs de caisse	Total du Débit	CRÉDIT Sous-locations	Timbres-poste sortis	Divers	Agios	Erreurs de caisse		Total du Crédit
	Report.																							
1	au 15 juillet 1893.		300 »								9 35	650 »	612 » 200 »						5 60					
3	31 — —			2 800 »		2 218 »					55 »		265 » 36 60			80 »	7 278 95	300 »						305 60
	Totaux à continuer		300 »	2 800 »		2 218 »					57 35	650 »	1 173 60			80 »	7 278 95	300 »	5 60					305 60
4	au 6 août 1893.						2 450 »	370 »	47 10		7 50								5 20			80 »		
6	31 — —			2 600 »	388 »						7 »		138 »	252 »	46 80		6 336 30				22 15			417 95
	Totaux à continuer au		300 »	5 400 »	388 »	2 218 »	2 450 »	370 »	87 10		71 85	650 »	1 331 60	252 »	46 80	80 »	13 615 35	300 »	11 20		32 15	80 »		423 53
	Totaux à reporter.																							

(Tableau-Modèle n° 5.)

Séparation et Subdivisions des Comptes de VALEURS IMMOBILISÉES

FOLIOS DU JOURNAL		DATES	MATÉRIEL DÉBIT		MATÉRIEL CRÉDIT	MOBILIER DÉBIT		MOBILIER CRÉDIT	AGENCEMENT DÉBIT		AGENCEMENT CRÉDIT	IMMEUBLES DÉBIT	IMMEUBLES CRÉDIT	LOYER D'AVANCE		DÉPOT A LA Cie DU GAZ			TOTAUX	
			Achat	[illegible]		Achat	[illegible]		Achat	[illegible]		Entretien et Réparations		DÉBIT	CRÉDIT	DÉBIT	CRÉDIT		du Débit	du Crédit
		Report.																		
1	39	15 juillet 1893. . .	2 900 »													280 »				
3		31 — —	9 005 »	851 »	1 950 »		112 »			250 »		2 840 »							15 785 »	1 950 »
		Totaux à continuer.	11 900 »	851 »	1 950 »		112 »			250 »		2 840 »				280 »			15 785 »	1 950 »
4	90	8 août 1893. . . .																		
6		31 — —	8 666 »																8 666 »	» »
	111	Totaux à continuer.	19 666 »	851 »	1 950 »		112 »			250 »		2 840 »				280 »			[illegible]	1 950 »
		Totaux à reporter.																		

Troisième Registre

COMPTABILITÉ PRIVÉE
INVENTAIRES

(Modèles Nos 6, 7 8 et 9)

(Tableau-Modèle nº 6.)

JOURNAL PRIVÉ

Année *1893-94*

DATES	GRAND-LIVRE PRIVÉ Débit	GRAND-LIVRE PRIVÉ Crédit	FOLIOS	OPÉRATIONS		CAISSE Débit	CAISSE Crédit	EFFETS A RECEVOIR Débit	EFFETS A RECEVOIR Crédit	MARCHANDISES GÉNÉRALES Débit	MARCHANDISES GÉNÉRALES Crédit	FRAIS GÉNÉRAUX INTÉRÊTS PERTES & PROFITS Débit	FRAIS GÉNÉRAUX INTÉRÊTS PERTES & PROFITS Crédit	IMMEUBLES MATÉRIEL MOBILIER AGENCEMENT Débit	IMMEUBLES MATÉRIEL MOBILIER AGENCEMENT Crédit	TITRES Débit	TITRES Crédit	FONDS DE COMMERCE Débit	FONDS DE COMMERCE Crédit	CAPITAL Débit	CAPITAL Crédit
1893. Juil. 1er	280 000 »			**J. Durand**	à Capital, suivant acte de société en date de ce jour.																
	200 000 »			**F. Leroy**	dº dº																
	150 000 »			**Ed. Leroy**	dº dº																630 000 »
» 1er		280 000 »		**J. Durand**	Son apport, dº	7 000 »		15 000 »	[illegible]	78 000 »				70 000 »	Matériel.			100 000 »			
				»	dº dº									1 500 »	Mobilier.						
				»	dº dº									6 000 »	Agencemt.						
		200 000 »		**F. Leroy**	dº dº	80 000 »										120 000 »					
		150 000 »		**Ed. Leroy**	dº dº	150 000 »															
	230 000 »			**Crédit Lyonnais**	N/ versement espèces		230 000 »														
» 5	97 500 »			dº	Vente de 5 000 fr. de rente 3 %												97 500 »				
					Achat de terrains et bâtiments situés à									300 000 »							
		300 000 »		**Crédit Lyonnais**	N/ chèque nº 1301 à Martin pr prix de l'achat ci-dessus.																
		25 000 »		dº	dº nº 1302 à R. Leroy Jne																
	25 000 »			**R. Leroy Jeune**	N/ prêt pour 5 ans à 5 %																
		7 120 »		**A. Bardoux**, repr.	1 % sur 712 000 fr. montant des ventes de sa clientèle.							7 120 »									
		4 500 »		dº	Ses appointements de l'année							4 500 »									
		6 500 »		**J. Durand**	Son traitement pour un an							6 500 »									
		14 000 »		dº	5 % Intérêt sur son apport							14 000 »									
		6 000 »		**F. Leroy**	Son traitement pour un an							6 000 »									
		10 000 »		dº	5 % Intérêt sur son apport							10 000 »									
		7 500 »		**Ed. Leroy**	5 % dº dº							7 500 »									
	1 250 »			**R. Leroy Jeune**	5 % Intérêt d'un an sur s/ prêt								1 250 »								
					Encaissement 1 effet s/ Lauzat, Paris, 30 juin	7 500 »			7 500 »												
	983 750 »	1 608 420 »			**Totaux au 30 Juin 1894**	244 500 »	230 000 »	15 000 »	7 500 »	78 000 »	»	55 120 »	1 250 »	386 000 »	»	120 000 »	97 500 »	100 000 »	»	»	630 000 »

(Tableau-Modèle n° 7.)

GRAND-LIVRE PRIVÉ [1]

Jules Durand

DOIT | AVOIR

1893. Juill. 1er	à Capital	280 000 »	1893. Juill. 1er	S/ apport espèces.		7 000 »
			»	d° 1 eff. s/ Laurent Paris 30 juin 94.	7 500 »	15 000 »
			»	d° 1 d° d° 30 juin 95.	7 500 »	
			»	d° marchandises, suivt inventaire.		78 000 »
			»	d° matériel.	70 000 »	
			»	d° mobilier.	4 000 »	80 000 »
			»	d° agencement	6 000 »	
			»	d° fonds de commerce.		100 000 »
1894. Juin 30	Solde de s/ cte ct au Gd-Livre (Prélèvts).	20 000 »	1894. Juin 30	Son traitement de l'année.		6 000 »
			»	5 % intérêt sur son apport.		14 000 »
			1894. Juin 30	Sa part dans les bénéfices.		15 951 45

Fernand Leroy

1893. Juill. 1er	à Capital	200 000 »	1893. Juill. 1er	Son apport espèces.	80 000 »
				d° titres au porteur, savoir :	
			»	3000 fr. de rente 3 %.	
			»	25 oblig. Orléans 3 %.	
			»	25 — Ville Paris 71.	
			»	7 quarts d°	
			»	Montant au cours de la Bourse de ce j. à.	120 000 »
1894. Juin 30	Solde de s/ cte ct au Gd-Livre (Prélèvts).	16 000 »	1894. Juin 30	Son traitement de l'année.	6 000 »
			»	5 % intérêt sur son apport.	10 000 »
			1894. Juin 30	Sa part dans les bénéfices.	15 951 40

(1) Le manque d'espace nous oblige à prendre ici la réglure la plus simple du Grand-Livre ordinaire.

Le format de notre registre nous permet d'avoir deux colonnes de chiffres au *Doit*, deux à l'*Avoir*, et même des colonnes pour les intérêts.

Édouard Leroy

DOIT				AVOIR		
1893. Juill. 1er	à Capital. Montant de sa commandite.	150 000 »	1893. Juill. 1er	Son apport espèces.	150 000 »
1894. Juin 30	Solde de s/ cte ct au Gd-Livre (Prélèvts).	7 500 »	1894. Juin 30	5 % intérêt sur son apport.	7 500 »
			1894. Juin 30	Sa part dans les bénéfices.	7 975 70

René Leroy Jeune

Date	Libellé	Montant	Date	Libellé	Montant
1893. Juill. 5	N/ prêt pour 5 ans à 5 %.	25 000 »	1894. Juin 30	Solde débiteur.	26 250 »
1894. Juin 30	Intérêt d'un an.	1 250 »			
1894. Juill. 1er	Solde à nouveau.	26 250 »			

Crédit Lyonnais

Date	Libellé	Montant	Date	Libellé	Montant
1893. Juill. 1er	N/ versement espèces.	230 000 »	1893. Juill. 5	N/ chèque no 1001 o/ Martin	300 000 »
» 5	Vente de 3000 fr. de rente 3 %. . . .	97 500 »	» 5	Cº no 1002 o/ R. Leroy jne. . .	25 000 »
			1894. Juin 30	Solde débiteur.	2 500 »
		327 500 »			327 500 »
1894. Juill. 1er	Solde à nouveau.	2 500 »			

A. Bardoux, Représentant

Date	Libellé	Montant	Date	Libellé	Montant
1894. Juin 30	Solde de s/ cte ct au Gd-Livre (Prélèvts).	9 920 »	1894. Juin 30	1 % s/ 512 000 fr. de ventes.	5 120 »
			» 30	Ses appointements de l'année. . . .	4 800 »

(Tableau-Modèle n° 8.)

BALANCE D'INVENTAIRE au 30 Juin 1894

N°		Grands-Livres — Comptes courants divers, effets à payer — Débit	Crédit	Grands-Livres — Comptes courants clientèle — Débit	Crédit	Caisse — Débit	Crédit	Effets à recevoir — Débit	Crédit
	Soldes à l'Inventaire précédent								
	Balance mensuelle … 1	24 539 05	32 911 70	25 279 96	25 278 95	27 150 55	26 082 30	19 027 85	18 468 05
	d° … 2	19 212 »	37 650 »	25 777 06	21 564 50	14 520 65	12 928 40	10 801 20	11 101 25
	d° … 3								
	d° … 4								
	d° … 5								
	d° … 6								
	d° … 7								
	d° … 8								
	d° … 9								
	d° … 10								
	d° … 11								
	d° … 12								
	Totaux du Journal privé	985 736 »	1 008 591 »	»	»	[illegible]	230 000 »	118 088 »	7 500 »
	BALANCE GÉNÉRALE DE VÉRIFICATION	1 413 958 50	1 179 933 »	630 326 »	556 169 15	716 542 10	700 981 »	147 263 »	422 809 60
1	Créanciers divers anciens (Crédits à solder)								
2	d° nouveaux								
3	Débiteurs douteux anciens (Créances à solder)								
4	d° nouveaux								
5	Matériel. — Entretien Dépréciation 10 %								
6	Agencem. Mobilier. d° d° 15 %								
7	Immeubles. — Entretien et réparations								
8	Titres. Dépréciation ou augmentation								
9	Bénéfices bruts								
10	Pertes et Profits. — Totaux								
11	Bénéfices nets ou Pertes nettes								
12	Répartition. Capital 25 %								
13	d° J. Durand 30 %		15 051 45						
14	d° F. Leroy 30 %		15 051 40						
15	d° Ed. Leroy 15 %		1 955 70						
	BALANCE D'INVENTAIRE	1 413 958 35	1 719 081 35	630 326 »	556 169 15	726 542 50	700 981 »	147 263 »	422 809 60

N°		Marchandises générales — Débit	Crédit	Frais généraux, pertes et profits — Débit	Crédit	Comptes de valeurs immobilisées — Débit	Crédit	Titres — Débit	Crédit	Fonds de commerce — Débit	Crédit	Créanciers divers sans compte — Débit	Crédit	Capital — Débit	Crédit
	Soldes à l'Inventaire précédent														
	Balance mensuelle … 1	26 959 50	36 722 15	7 216 95	335 60	15 585 »	1 250 »								
	d° … 2	30 045 70	63 175 45	5 336 50	117 95	8 466	»								
	d° … 3 à 12														
	Totaux du Journal privé	78 000 »	»	55 120	1 250 »	383 620 »	»	120 000 »	97 500 »	100 000 »	» »	»	»	» »	630 000 »
	BALANCE GÉNÉRALE DE VÉRIFICATION	614 328 »	689 077 »	98 522 »	2 430 90	404 051 »	1 940 »	120 000 »	97 500 »	100 000 »	»	»	»	»	630 000
2	Créanciers divers nouveaux	11 249 »		5 125 »									16 335 »		
4	Débiteurs douteux nouveaux			5 500 »			5 500 »								
5	Matériel			7 843 »			7 843 »								
6	Agencem. Mobilier			1 022 »			1 022 »								
7	Immeubles			2 840 »			2 840 »								
8	Titres				920 »			920 »							
9	Bénéfices bruts	171 562 50			171 562 50										
10	Pertes et Profits. — Totaux			124 752 »	174 923 50										
11	Bénéfices nets ou Pertes nettes			50 171 50											
12	Répartition. Capital 25 %														13 292 85
	BALANCE D'INVENTAIRE	797 400 50	689 077 »	174 923 50	174 923 50	404 051 »	20 015 »	120 920 »	97 500 »	100 000 »	» »	»	16 335 »	» »	643 292 85

BALANCE GÉNÉRALE DE VÉRIFICATION

DÉBITS		CRÉDITS
1 413 958 50	Grands-Livres : Divers	1 479 264 »
630 326 »	d° Clientèle	556 169 10
726 542 10	Caisse	700 251 »
147 265 »	Effets à recevoir	422 809 60
614 328 »	Marchandises générales	689 077 »
98 532 »	Frais généraux, Pertes et Profits	2 430 90
505 051 »	Comptes de valeurs immobilisées	1 940 »
120 000 »	Titres	97 500 »
100 000 »	Fonds de Commerce	» »
» »	Créanciers divers sans compte	» »
» »	Capital	630 000 »
3 575 944 60	Totaux égaux	3 575 944 60

SOLDES DE LA BALANCE D'INVENTAIRE

DÉBITEURS.		CRÉDITEURS.
	Grands-Livres : Divers	75 731 05
79 925 90	d° Clientèle	» »
15 578 10	Caisse	» »
24 395 40	Effets à recevoir	» »
108 023 50	Marchandises générales	» »
384 036 »	Comptes de valeurs immobilisées	» »
23 420 »	Titres	» »
100 000 »	Fonds de Commerce	» »
	Créanciers divers sans compte	16 335 »
	Capital	643 292 85
735 358 90	Totaux égaux	735 358 90

(Tableau-Modèle n° 9.)

BILAN *au 30 Juin 1894.*

		ACTIF			PASSIF
Débiteurs divers, suivant état	72 589 10	101 339 10	Effets à payer et créditeurs divers, suivant état	137 191 60	177 070 15
d° (Grand Livre privé	28 750 »		d° Grand-Livre privé	39 878 55	
d° Clients, suivant état		81 187 90	d° Clients, suivant état		1 262 »
Espèces en Caisse	14 500 » 1 078 10	15 578 10			
Effets en Portefeuille, suivant état	7 500 » 16 895 40	24 395 40			
Marchandises en Magasin d°		108 023 50	Créanciers divers sans compte, suivant état		16 335 »
Immeubles	300 000 »	389 506 »	Débiteurs douteux compris dans l'Actif		5 500 »
Matériel ancien (y compris chevaux et voitures	63 000 »				
Matériel nouveau 19 666 » — 1 940 »	17 726 »				
Mobilier	3 400 »				
Agencement	5 100 »				
Dépôt de garantie à la Compagnie du Gaz	280 »				
Titres en caisse ou déposés en banque		23 430 »	CAPITAL		643 292 85
Fonds de commerce		100 000 »			
		843 460 »			843 460 »

Le présent Bilan certifié sincère et véritable

A .... *le* ....

GRAND-LIVRE

(Modèle nº 10)

(*Modèle n° 10.*)

GRAND-LIVRE

Folio 709 *Laurent fils, Avenue de Saint-Cloud, à Versailles*

30 jours 3 %.

DATE	FOLIO DU JOURNAL	DÉTAIL	DOIT — Montant de l'opération	DOIT — Sommes réglées ou rencontrées	SOLDE — D. (Débiteur) C. (Créditeur)	AVOIR — Montant de l'opération	AVOIR — Sommes réglées ou rencontrées
1895. Juil. 6	1	Notre facture.	809 75	809 75			
» » 10	1	Sa Remise 1 effet Paris 31 août.				647 »	
» »	»	» 1 bon de poste.				20 »	
»	»	» timbres poste.				2 35	
»	»	Marchandises rendues.				120 »	
»	»	Escompte 3 %.			» »	20 40	809 75

(*Modèle n° 11.*)

FOURNISSEURS. — ENREGISTREMENT DES FACTURES

L. Petit, à Beauvais

30 jours, net.

DATE DE LA FACTURE	MARQUES ET NUMÉROS	QUANTITÉS	NATURE DES MARCHANDISES LIVRÉES	PRIX	MONTANT	TOTAL DE LA FACTURE	ESCOMPTE	DATE DU REGLEMENT	FOLIO DU JOURNAL
1893									
Juill. 1er	H. 211	522	mètres toile bleue 120	95 »	405 90				
» »	C. 214	358	» » noire 120	90 »	322 10	818 »	»	7 Juillet	1

Les points de comparaison que nous venons d'établir entre notre Méthode et la Méthode classique sont trop concluants par eux-mêmes pour que nous nous y arrêtions davantage.

D'autres systèmes, nous l'avons dit, ont été élaborés en vue d'obtenir des améliorations. Aucun d'eux n'est semblable au nôtre, ni dans les explications qu'ils donnent, ni dans les modèles de registres qu'ils préconisent.

En dehors des explications de notre système et des appréciations en Comptabilité qui nous sont personnelles, nous indiquerons à la fin de cet ouvrage les principaux caractères d'originalité de nos Registres.

FIN DE LA PREMIÈRE PARTIE

www.ingramcontent.com/pod-product-compliance
Lightning Source LLC
LaVergne TN
LVHW020027170826
845678LV00001B/150

* 9 7 8 2 3 2 9 7 5 3 4 1 6 *